Neun Monate ist es nur her, dass ich den ersten Satz meiner Geschichte niederschrieb. Seitdem hat sich einiges getan. Ich habe vieles erlebt, stundenlang nachgedacht und solange gegrübelt, bis ich Kopfschmerzen davon hatte. Ich habe gezweifelt und mich gefragt, ob es richtig war, mit meiner Geschichte an die Öffentlichkeit zu gehen. Diese Zweifel waren mal leise und mal laut. So laut, dass sie mich anschrien, ich solle mich unsichtbar machen und von dieser Welt verschwinden. Aber ich habe nicht auf sie gehört. Stattdessen habe ich mich weiterentwickelt; Dinge getan, die mir Kraft gaben, und versucht aus allem, was passiert war, neuen Mut zu schöpfen. Ich habe meinen Weg gefunden, mit meiner Vergangenheit zu leben, und diesen Weg will ich weitergehen. Deshalb habe ich mich nun dazu entschlossen, die nächsten Kapitel meines Lebens zu Papier zu bringen.

Ein Roman, der das Thema Zwangsprostitution und rituelle Gewalt in Deutschland aufgreift und einen Blick hinter die Fassaden zeigt. Der Weg in den Teufelskreis hinein ist einfach, doch der Kampf heraus dauert meist ein Leben lang.

Fortsetzung von „Nur die Hölle könnte schlimmer sein“.

Laura Adrian

Barfuß durch die Scherben des Lebens

Merlin´s Bookshop

Alle Personen sind frei erfunden. Jede Ähnlichkeit mit lebenden oder bereits verstorbenen Personen ist rein zufällig. Original Ausgabe erschienen im November 2017 bei Merlins Bookshop.

Korrektorat & Lektorat: Klarissa Klein www.klarissa-klein.com
Verlag: Merlins Bookshop, Inh. Dietmar Noss, Waldstr. 22, 65626 Birlenbach

Cover: Merlins Bookshop unter Verwendung eines Fotos von RAWfeelings Photography by Alex Apprich, Model & MUA: Carmen Bannert http://www.rawfeelings-photography.com .

ISBN-13: 978-3-96248-004-2

Steckt hinter jeder erfundenen Geschichte nicht auch eine Wahrheit, eine Botschaft?

Beim Schreiben finde ich Worte, für die ich im wahren Leben keine Worte finde.

1. Kapitel - Was bisher geschah

Neun Monate ist es nur her, dass ich den ersten Satz meiner Geschichte niederschrieb. Seitdem hat sich einiges getan. Ich habe vieles erlebt, stundenlang nachgedacht und solange gegrübelt, bis ich Kopfschmerzen davon hatte. Ich habe gezweifelt und mich gefragt, ob es richtig war, mit meiner Geschichte an die Öffentlichkeit zu gehen. Diese Zweifel waren mal leise und mal laut. So laut, dass sie mich anschrien, ich solle mich unsichtbar machen und von dieser Welt verschwinden. Aber ich habe nicht auf sie gehört. Stattdessen habe ich mich weiterentwickelt; Dinge getan, die mir Kraft gaben, und versucht aus allem, was passiert war, neuen Mut zu schöpfen. Ich habe meinen Weg gefunden, mit meiner Vergangenheit zu leben, und diesen Weg will ich weitergehen. Deshalb habe ich mich nun dazu entschlossen, die nächsten Kapitel meines Lebens zu Papier zu bringen.

Die kommenden Seiten sind gewiss nicht leichter zu verdauen als das vorangegangene Buch. Nein, im Gegenteil: Vermutlich ist dieser Teil sogar noch schwieriger und heftiger. Zumindest für mich als Verfasserin … Denn eine gewaltige Last drückt auf meine Schultern. Weshalb? Ganz einfach: Vergangenheit bedeutet nicht, dass alles vorbei ist. Das Wort signalisiert lediglich, dass die vorgefallenen Ereignisse vorüber sind. Die Zeit, in der sie geschahen, ist vorbei. Aber nur weil die Vorfälle beendet sind, heißt das noch lange nicht, dass auch die Gefühle, Gedanken und Erinnerungen daran ebenfalls abgeschlossen sind. Gefühle und Gedanken halten sich nämlich nicht an irgendwelche Wörter, Gesetze oder Zeitbegrenzungen. Sie bleiben IMMER da. Somit wird meine Geschichte nie ein vollständiges Ende finden. Ich bin geprägt. Für mein Leben lang! Erst wenn ich sterbe, und aufhöre zu atmen, löst sich alles, was geschehen ist, tatsächlich und vollkommen von mir ab. Bis es so weit ist, heißt es allerdings kämpfen! Jeden Tag aufs Neue aufstehen, versuchen Halt zu finden, Erinnerungen aus dem Weg zu gehen, kritischen Blicken standzuhalten, nicht wieder abzurutschen und Versuchen, „normal" zu sein.

Mein Verstand weiß zwar, dass man mir nicht auf den ersten Blick ansieht, was genau ich erlebt habe; für meinen vernarbten Körper gibt es schließlich noch dutzende andere mögliche Ursachen, aber das ändert nichts an meinen Gefühlen. Ich habe oft den Eindruck, dass jeder weiß, was mir angetan wurde und wie viel Schmutz an mir klebt. Ich bin eine Schlampe, eine Prostituierte, eine Versagerin … egal, ob ich es damals freiwillig getan habe oder dazu gezwungen wurde. Ich fühle mich schuldig.

Die Narben, die Cedric mir auf meinen Oberschenkel geritzt hatte, sind zwar verblasst und mittlerweile habe ich sie auch zerschnitten, man sieht sie kaum noch, aber ich spüre sie trotzdem weiterhin. Genauso wie seine Schläge, seine Drohungen, seine Gewalttaten –,alles von ihm hat sich in meinem Gehirn eingebrannt. Nichts davon kann ich vergessen oder aus meiner Erinnerung löschen. Seine Worte auszublenden ist unmöglich. Jeden Tag, wenn ich aufstehe und jeden Abend, wenn ich zu Bett gehe, jede Minute meines Lebens begleiten sie mich. Sein Geruch, sein Gesicht, das brennende Gefühl, welches seine Hände auf meiner Haut auslösten, es ist immer

Wenn die nicht ausheilt, kannst du lebenslang mit chronischen Kopfschmerzen zu kämpfen haben."

Ich murmelte ein Kurzes: „Ach was. Das Treffen war gut." Und setzte meinen Gang fort. Außerdem: Wie lange sollte lebenslänglich sein? Bei meinem Leben konnte das sicherlich nicht mehr allzu lange dauern!

Den restlichen Tag verkroch ich mich unter meiner Zudecke im warmen Bett und betrachtete das trübe Wetter vor der Fensterscheibe. Der Winter begann langsam den Herbst abzulösen. In etwas weniger als drei Wochen wäre Weihnachten – das Fest der Liebe. Meine Vorfreude auf diesen Tag hielt sich jedoch in Grenzen. Die Vorstellung, die Weihnachtstage im engen Kreis der Familie mit ganz vielen lachenden und fröhlichen Gesichtern zu verbringen, löste Unbehagen in mir aus. Vermutlich weil ich wusste, dass ich diese Freude nicht teilen könnte. Ich konnte mich nicht freuen, nicht lachen, nicht glücklich sein. Letztes Jahr schaffte ich das zwar ebenfalls nicht, aber ich tat zumindest noch so als ob. Ich spielte ein Schauspiel. Doch inzwischen sah ich keinen Sinn mehr darin, etwas vorzugeben, was nicht der Wahrheit entsprach. Warum sollte ich mich verstellen? Meine Eltern wussten bereits, dass ich depressiv war, ich besuchte deshalb sogar einen Psychologen. Schauspielern kostete lediglich Kraft. Ich sah keinen Anlass mehr dazu, mich noch länger zu verbiegen. Ich wollte einfach ich sein. Traurig, antriebslos, unglücklich, verletzt. Ich ließ mich hängen.

Zurückblickend könnte man sagen, dass ich in dieser Zeit langsam anfing, meine Maske fallen zu lassen. Sobald ich das Haus verließ, zierte zwar weiterhin eine dicke Schicht Make-up mein Gesicht und Lagen von Kleidung verdeckten meine Blutergüsse und Verletzungen, aber ich versteckte meine Gefühle nicht mehr. Ich gab mein Lachen auf. Ich wollte nicht mehr das glückliche kleine Mädchen sein.

In meiner Klasse wurde ich in diesen Monaten zunehmend mehr als „Psycho" abgestempelt. Ich wechselte von dem Extrem der Streberin aus der ersten Reihe zu dem Extrem des Psychos aus der letzten Reihe. Je mehr haarsträubende Geschichten über mich herumerzählt wurden, desto stolzer machte es mich. Wieso ich das alles duldete und sogar noch gut fand? Tja, das hatte einen ganz simplen Grund: So hatte ich wenigstens meine Ruhe. Ich brauchte nicht zu fürchten, dass sich jemand mit mir abgeben wollte. Alle hielten Abstand zu mir.

Diese Verhaltensveränderung stellte den Anfang zu meinem endgültigen Absturz dar. In weniger als einem Jahr wäre alles vorbei. Ich wäre weg. Weg aus dieser Welt, doch an diese Art von Ende dachte ich aktuell noch nicht … Denn wie häufig in meinem Leben, sollte es noch mehrmals anders kommen, als ich ursprünglich geplant hatte.

6. Kapitel - Neues Jahr, neues Pech

Am Wochenende besuchte ich Susan im Stall und überreichte Alex die Stallmiete. Ich hatte mich inzwischen wieder soweit gefangen, dass ich ein weiteres Mal in meinem „Funktionieren-Modus" Halt fand. Irgendwie musste das Leben ja weitergehen. Wegen mir blieb die Welt bestimmt nicht stehen!

Am Freitagabend hatte ich mich ein weiteres Mal mit Cedric getroffen und für Manni in seinem Puff gearbeitet. Dadurch hatte ich mir die zweite Hälfte des Hunderteuroscheines verdient. Diese zwei Fetzen hatte ich dann Samstagmorgen direkt auf der Bankfiliale in unserer Stadt in einen kompletten Schein umgetauscht. Ein bisschen doof hatte mich die Frau am Schalter zwar angeschaut, als ich ihr die zerrissene Banknote hingelegte, aber nachdem ich ihr erklärte, dass mein Hund offensichtlich Langeweile verspürte, als er alleine zu Hause war, tauschte sie die 100 Euro ohne weitere Nachfragen um. Somit hatte ich wenigstens die 200 Euro, um Susans Stallmiete zu zahlen. Auf die eigentlich wichtigen Medikamente musste ich jedoch diesen Monat verzichten. Erst wenn ich nächsten Monat wieder Cedrics Ansprüchen ausreichend gerecht werden würde, hätte ich die nötigen finanziellen Mittel, um eine neue Packung kaufen zu können. Bis dahin blieb mir nichts anderes übrig als zu hoffen, dass die Stute diese vier Wochen ohne einen Lahmheitsschub überstand.

Als ich Alex die Stallmiete überreichte, fragte sie nach, was mit der nächsten Packung Tabletten sei. Notgedrungen musste ich sie anlügen und ihr erzählen, dass ich aktuell kein Geld dafür hätte – was an dem Punkt noch nicht einmal gelogen war!

Schließlich besaß ich tatsächlich kein Geld. Geflunkert hatte ich erst, als sie mich daraufhin streng musterte und mit eindringlicher Stimme fragte, ob dieser Geldmangel etwas mit dem Überfall und dem Krankenhausaufenthalt zu tun hätte. Darauf antwortete ich natürlich mit „Nein“, was nicht der Wahrheit entsprach … Anschließend versuchte ich das Gespräch so schnell wie möglich zu beenden.

Nach fast einer Woche waren meine Gehirnerschütterung und die Prellmarken durch den angeblichen Überfall abgeklungen, dass ich ab Montag wieder schulfähig war. Ok, mittlerweile waren erneute Prellungen durch die Schläge mit dem Gürtel und Verletzungen in Genitalbereich durch die gewaltsamen sexuellen Übergriffe dazugekommen, doch davon wussten meine Eltern aber nichts. Und da es mir soweit offensichtlich besser ging, musste ich auch zu keiner erneuten Untersuchung. Die Aussage des Arztes im Krankenhaus lautete schließlich, dass ich mich noch drei bis vier Tage schonen solle und danach durfte und sollte ich sogar tun und lassen, was mir persönlich körperlich und psychisch guttat. Ausschließlich, wenn ich nach einer Woche weiterhin unter Kopfschmerzen, Schwindel oder Übelkeit litt, müsste ich nochmals zu einer erneuten Untersuchung vorstellig werden. Doch dass dieser Fall nicht eintreten würde, war für mich schon von Anfang an klar. Nie mehr wollte ich in ein Krankenhaus! Nie mehr wollte ich mich vor anderen Leuten ausziehen und untersuchen lassen! Nie mehr sollte mir ein Arzt misstrauische Fragen stellen! Egal, was passieren würde, nie wieder wollte ich in eine solch bescheidene Lage rutschen, in der mein gesamtes Doppelleben in Gefahr geriet!

Weiterhin fühlte ich mich für alles, was vorgefallen war, verantwortlich. Ich suchte die Schuld bei mir. Ich empfand mich als Versagerin.

Inzwischen war meine Erinnerung an das, was vorgefallen war, so detailreich zurückgekehrt, dass ich exakt wusste, welche Geschichte der Realität entsprach und was mir andere versuchten einzureden. Ich konnte mich an fast alle Einzelheiten der Tat erinnern. Doch diese Rückkehr der Erinnerung blieb mein Geheimnis. Der Polizei teilte ich davon nichts mit. Sie sollten weiter den Schilderungen der Zeugin, Frau Müller, glauben. Es gefiel mir, dass sie mich und Frau Müller überhaupt nicht in Verbindung brachten. Das schützte uns beide.

Kurz nach dem Überfall verspürte ich ein paar Tage lang das Bedürfnis, mit ihr zu sprechen. Ich wollte mit ihr über Cedric reden, über das, was vorgefallen war, über das, was sie wusste und den Grund, weshalb sie für mich vor der Polizei log. Doch nach meiner Entlassung verflog das Bedürfnis. Ich wollte nicht mehr an diesen „Ausrutscher" erinnert werden. Ich war fest davon überzeugt, dass Cedric die Schläge und Tritte nicht so gemeint hatte und dass es eine einmalige Sache bleiben würde, wenn ich mich ab sofort strikter an die Regeln hielt. Und dazu zählte unter anderem auch, über keine seiner Machenschaften ein Wort zu verlieren. Schweigen hielt mich am Leben.

Über das Gespräch zwischen mir und dem Arzt, der die gynäkologische Untersuchung durchführte, schwieg ich ebenfalls. Genauso wie ich niemanden mitteilte, dass das Ergebnis der Untersuchung erlogen war. Ich ging davon aus, dass mir sowieso keiner glauben schenkte, wenn ich das

Ergebnis anzweifelte. Außerdem was sollte ich mir davon erhoffen? Nichts. Das erzeugte nur zusätzliche Probleme, auf die ich gut und gerne verzichten konnte. Mit der Zeit hatte ich gelernt, dass es manchmal einfacher und besser war, Dinge hinzunehmen, anstatt immer alles versuchen zu erklären und zu rechtfertigen. Cedric und seine Freunde saßen am längeren Hebel. Sie bestimmten, was mit mir geschah, wer mir glaubte und wer nicht. Gegen sie anzukämpfen ist wie ein Kampf zwischen David und Goliath. Ich hatte resigniert. Ich fügte mich ihrer Kontrolle. Sie besaßen zu viel Macht. (Nicht nur über mich.)

Die Rückkehr in den Schulunterricht fiel mir schwer. Nicht, weil ich knapp zwei Wochen gefehlt hatte, sondern weil ich das Gefühl hatte, dass jeder in der gesamten Schule wusste, weshalb ich in diesem Zeitraum abwesend war. Überall wo ich auftauchte, wurden Köpfe zusammengesteckt und getuschelt. Lief ich in den Gängen oder auf dem Pausenhof an anderen Schülern vorbei, hatte ich manchmal sogar den Eindruck, dass einige von ihnen einen Schritt zurückmachten, um mir auszuweichen.

Was ich am ersten Tag noch nicht wusste, sondern erst am zweiten Tag durch meine Klassenlehrerin erfuhr, war, dass die Polizei nach dem Überfall in meine Klasse kam, um dort auf Spurensuche zu gehen. Den Beamten fiel nämlich sehr wohl auf, dass irgendetwas an meiner Geschichte nicht stimmen konnte. Es gab zu viele Ungereimtheiten, zu viele Widersprüche und zu viele Lücken. Es wurden Ermittlungen angestellt und nachgefragt, doch da ich nicht mitarbeitete und darauf beharrte, dass alles genau so abgelaufen war, wie Frau

Müller angab, und ich mich an den Rest nicht erinnern konnte, mussten diese Recherchen bald aus Mangel an Beweisen eingestellt werden. Ein ungutes Gefühl blieb jedoch bei allen Beteiligten zurück. Die ermittelnde Polizistin teilte mir bei der letzten Befragung im Krankenhaus auch recht eindringlich mit, dass sie mir nicht glaubte, und dass sie sich sicher sei, dass mehr hinter dem Überfall steckte, aber, dass mir niemand helfen konnte, solange ich mich nicht dazu äußerte. Danach wurde meine Akte geschlossen. Denn ohne Tatvorwurf, weitere Spuren, Anhaltspunkte oder Aussage von mir gab es keinen Grund mehr noch längere Zeit mit diesem Fall zu verbringen. Ausschließlich die Anzeige gegen zwei unbekannte Männer, die mich auf dem Nachhauseweg von der Schule körperlich angegriffen haben, blieb bestehen. Doch wie bei den meisten Anzeigen, die gegen „Täter unbekannt" gestellt werden, waren auch bei meinem Fall die Aussichten auf eine Festnahme und Verurteilung der unbekannten Übeltäter gering. Zumal weder Frau Müller noch ich genaue Angaben zu den gesuchten Personen machen konnten; oder wie es die Polizistin ausdrückte: Machen wollten.

In der Klasse wusste natürlich niemand von meinem Geheimnis – zum Glück! Und auch die Lehrer konnten der Polizei keine entscheidenden Hinweise liefern. Ich sprach nicht viel, zählte eher zu den stilleren Schülern und verhielt mich unauffällig. Auffallend war lediglich, dass meine Noten bereits seit einigen Monaten immer mal absackten, sich dann aber jedes Mal recht schnell wieder erholten. Also nichts, was gravierend besorgniserregend wäre. Außerdem hatte ich mich selbst verletzt, aber deswegen wurden bereits Gespräche mit meinen

Eltern geführt und seitdem war eine deutliche Besserung sichtbar. All das hätte man als stumme Indizien für einen Hintergrund des Überfalls auslegen können, doch wie mehrfach erwähnt: Ohne meine Aussage gab es keine Angeklagten oder weiteren Spuren. Alles verlief sich in tausend Fragezeichen. Die einzige Hoffnung, die derzeit noch existierte, war, dass ich mich baldmöglich der Psychologin öffnete und dadurch Licht in die undurchsichtige Angelegenheit kommen würde. Jedoch sah ich es überhaupt nicht ein mit der Psychologin über meine Probleme zu reden. Ich willigte in die Termine ein, um weitere Diskussionen zu vermeiden, und um meine Eltern zu beruhigen, aber garantiert nicht um mit ihr über die Sachen, die Cedric mit mir machte, zu sprechen!

In der Schule ließ mich der Polizeibesuch während meiner Abwesenheit zum Gesprächsthema Nummer eins mutieren. Die Streberin aus der ersten Reihe, die überhaupt nicht auffiel, Lehrerliebling war, in ihrer Freizeit mit einem Buch in der Hand in der Ecke saß, keine Freunde hatte, hatte Kontakt mit der Polizei! Das stellte natürlich eine Nachricht dar, die sich wie ein Lauffeuer über den Schulhof verbreitete. Leider wurde jedoch nicht die Wahrheit weitererzählt, sondern es wurden sich eindrucksvolle Gerüchte ausgedacht, die interessanter klangen als die langweilige Realität. Fast täglich gab es neue Spekulationen darüber, was die Polizei von mir wollte. Von Drogenbesitz bis über Suizidversuch war alles dabei. Es wäre schließlich auch viel zu einfach und zu unspektakulär gewesen, den Worten der Polizeibeamten zu glauben, dass diese Befragung wegen eines Überfalls auf mich stattfand …

Das härteste Gerücht, das mich in der zweiten Schulwoche nach meiner Wiederkehr traf, stellte die Behauptung auf, dass ich vergewaltigt worden sei, dar. Diesen Verdacht hörte ich von Lisa. In der großen Pause kam sie auf mich zu und wollte mit mir unter vier Augen reden. Ich ahnte nicht böses und folgte ihr auf den Gang in eine abgelegene Ecke, wo wir zwei ungestört standen. Anhand ihres Gesichtsausdruckes konnte ich erahnen, dass sie sich in der Situation unwohl fühlte und nicht wusste, wie sie ihr Anliegen formulieren sollte.

„Ich habe da was gehört …“, fing sie schließlich an.

Hörbar seufzte ich.

„Ja, ich auch. 1000 Gerüchte und keines davon ist wahr!“

Ich begann schon mich umzudrehen und wollte gehen. Auf solche Gespräche hatte ich keinerlei Lust. Diese falschen Behauptungen über mich waren nervig und zum Teil einfach nur abgedreht. Es fehlte nur noch, dass jemand behauptete, ich sei von einem Alien entführt worden. Im Grunde genommen war es mir gleichgültig, was über mich geredet wurde. Solange mich niemand damit direkt konfrontierte, konnte hinter meinen Rücken alles Mögliche kursieren. Dadurch hielten wenigstens alle Abstand von mir, weil sie mich als Psycho oder Kriminelle ansahen. Also hatte es auch sein Positives. Sämtliche Gerüchte prallten an mir ab. Zumindest solange ich mich nicht zu diesem Schwachsinn äußern musste! Meine Mitschüler durften glauben, was sie wollten, Hauptsache sie ließen mich damit in Ruhe!

„Ich weiß … Völlig absurde Dinge zum Teil.“ Sie schüttelte ihren Kopf. „Aber darum geht es mir gar nicht.“

„Gut!“, unterbrach ich sie.

Für mich war das Gespräch an dieser Stelle beendet. Ich lief bereits zwei Schritte von ihr weg, als sie mich zurückrief.

„Jetzt warte doch!“

Zögerlich verlangsamte ich meine Bewegungen. Ursprünglich wollte ich unbeirrt weitergehen und hätte ich gewusst, was jetzt kam, dann hätte ich das auch besser getan.

„Wurdest du vergewaltigt?“

Entsetzt wirbelte ich herum. Mein Herzschlag setzte in dieser Sekunde aus. Mir wurde schwammig vor Augen.

„Was?!“

„Stimmt es, dass du vergewaltigt wurdest?“

Lisas Stimme klang äußerst unsicher. Fast, als wenn sie sich schämte, mir diese Frage zu stellen.

Wortlos schüttelte ich den Kopf. Ich merkte, wie sich meine Umgebung von mir entfernte. Ich rauschte ab in die Welt der Dissoziation. Ich nahm nichts mehr wahr. Wie in Trance stand ich da und hörte nur noch meinen panischen Herzschlag in meinem Innern. Die Außenwelt verstummte. Für einen kurzen Moment blieb die Zeit stehen und danach rannte ich. Als wäre ein Monster hinter mir her, stürmte ich durch den Gang, an Mitschülern vorbei, an Lehrkräften, durch Türen, bis ich auf dem Schulhof angelangte und selbst dort spurtete ich noch weiter. Ich wusste nicht wohin, ich wollte einfach weg. Diese Flucht von mir fand nicht geplant statt, sie verlief völlig kopflos. Mir war selbst nicht klar, wieso ich plötzlich einen solch extremen Drang verspürte, wegzulaufen. Lisas Frage hatte mir Angst gemacht, ihre Worte lösten Panik in mir aus, mein Kopf schaltete sich ab und mein Körper reagierte. Erst fühlte er sich versteinert an, aber kurz darauf jagte ein Stromstoß von meinem Kopf bis in die Füße und ich musste rennen.

Ausgepowert und erschöpft lehnte ich mich an einem Baum an.

Ich rang nach Luft, meine Lunge brannte, meine Beine zitterten, in den Schläfen spürte ich meinen Puls und salzige Tränen rollten über meine Wangen. Hektisch atmete ich ein und aus und versuchte zu begreifen, was gerade mit mir geschah. Wieso hatte ich so heftig reagiert?

Meine Beine zitterten so stark, dass ich nicht mehr stehen konnte. Mit dem Rücken am Stamm ließ ich mich zu Boden sinken. Langsam gewann ich wieder die Kontrolle über meinen Körper und die Gedanken. Ich befand mich im Wäldchen hinter der Schule auf einem schmalen Seitenweg. Ich vergrub mein Gesicht in den Händen. Die Tränen, die über meine Wangen rollten, taten weh. Ich fühlte mehr, als mein Körper im Augenblick ertragen konnte. Überhaupt war aktuell alles zu viel. Ich konnte nicht mehr!

Rotze lief mir aus der Nase. Ich wischte sie mit meinen Händen weg und legte anschließend den Kopf in den Nacken. Über mir hing der graue, trübe Winterhimmel. Keine Sonne weit und breit.

Ich zwang mich, mich zu beruhigen, ruhig zu atmen und aufzuhören zu weinen, aber es gelang mir nicht. In der Ferne hörte ich leise die Schulklingel, die das Ende der Pause einläutete und die Schüler aufforderte, zurück in die Klassen zu gehen. Ich wusste, dass ich ebenfalls zurückmusste, weil es sonst auffiel, wenn mein Platz im Klassensaal leer wäre, doch ich blieb trotzdem regungslos sitzen.

Starr schaute ich weiter in den Himmel und gab mich meinen selbstvernichtenden Gedanken hin.

Was würde fehlen, wenn ich weg war?

Als ich ca. nach der Hälfte der Unterrichtsstunde in den Klassensaal zurückkehrte, ohne anzuklopfen, eintrat, mich schweigend auf meinen Platz setzte und so tat, als wenn nichts vorgefallen wäre, zog ich damit natürlich alle Blicke auf mich. Einige Sekunden lang herrschte sogar Schweigen und danach gelegentliches Gemurmel unter meinen Klassenkameraden, und die Lehrerin verlor kurzzeitig ihren Faden beim Sprechen. Allerdings sprach mich niemand gezielt auf meine Verspätung an oder fragte nach dem Grund. Es wurde einfach hingenommen. Lediglich nach dem Unterricht teilte mir die Lehrerin kurz, mit einem Satz mit, dass ich in Zukunft doch bitte versuchen, sollte die Pausenzeiten einzuhalten, um pünktlich zum Unterricht zu erscheinen. Diese Aussage nahm ich mit einem Nicken hin, doch im Grunde genommen interessierte es mich nicht, was sie sagte. Und ich glaube, das wusste sie. Deshalb hatte sie vermutlich auch meine Verspätung während des Unterrichts wortlos hingenommen. Sie sah ein, dass sie keine Chance hatte, an mich heranzukommen, und probierte es deshalb erst gar nicht.

Die Winterferien begannen, Weihnachten zog vorüber und Silvester ging ebenfalls an mir vorbei. Überall war ich anwesend, aber nirgendwo richtig dabei. Es fühlte sich alles unwirklich an. Genauso wie sich die sexuellen Übergriffe von Cedric, Mark oder den anderen Männern unreal anfühlten. Die einzigen Momente, in denen ich mich als lebendig empfand, waren, wenn ich im Sattel von Susan saß und mit ihr durch die kahlen

Wälder streifte. Dann konnte ich mein Dasein genießen. Ich sprach mit ihr in diesen Minuten über alles Mögliche, über Cedric, mein Leben, dass ich keinen Sinn mehr darin sah etwas daraus zu machen, dass ich Angst vor der Zukunft hatte, und dass ich aufgeben wollte. Die Liebe zu ihr und die Verantwortung, für sie sorgen zu müssen, stellten den letzten seidenen Faden dar, der mich noch mit dem Leben verband. Sie gab mir Luft zum Atmen, wenn ich das Gefühl hatte unter den Trümmern meiner Probleme zu ersticken. Sie ließ mich nicht aufgeben. Wenn ich abends zur Klinge griff, war es der Gedanke an sie, der mich nicht zu tief schneiden ließ; wenn Männer in mich eindrangen, war es der Wille ihre Stallmiete, Medikamente und Futter zu bezahlen, der mich durchhalten ließ. Sie verkörperte für mich das Wort Hoffnung.

Die Therapiegespräche zwischen mir und Frau Doktor Hagen entwickelten sich zu äußerst einseitigen Gesprächen. Bereits nach der dritten Stunde zeichnete sich ab, dass sie während der Therapiestunden mehr erzählte als ich. Nach der Begrüßung hüllte ich mich nämlich entweder in Schweigen und ließ sie reden, oder ich sprach über belangloses Zeug. Ja, ich machte sogar eine Art Spiel daraus. Zu Beginn der Sitzung setzte ich mir eine Wortgrenze, über die ich nicht hinauskommen wollte. Jedes Wort, das ich aussprach, zählte ich, bis ich jene Wortgrenze erreichte. Mein Ziel war es am Ende der Stunde genau auf die ausgedachte Zahl zu kommen. Es durfte kein Wort zu viel und keines zu wenig sein. Ich fand, dieses Spiel machte die Gespräche wenigstens etwas interessanter. Auch wenn Frau Hagen einige Male anmerkte, dass meine Antworten häufig äußerst knapp ausfielen und sie mir nur helfen könnte, wenn ich ihr mitteile, was mich belastete. Daraufhin erklärte ich ihr allerdings zum mindestens tausendsten Mal, dass ich kein Problem hatte, sondern mir nur sämtliche Menschen in meiner Umgebung – eingeschlossen sie – einreden wollten, dass ich Schwierigkeiten mit dem Leben hätte, was aber definitiv nicht der Wahrheit entsprach. Anschließend setzte ich mein Spiel unbeirrt weiter fort.

An manchen Tagen empfand ich die Gespräche mit ihr als echt anstrengend. Zum Beispiel, wenn sie etwas wissen wollte, und sie mir ständig dieselben Fragen stellte und dabei unzählige Male eine andere Formulierung benutzte, in der Hoffnung, dass ich dies nicht bemerkte. Das nervte, zumal ich auf diesen Trick sowieso nie hereinfiel. Aber größtenteils empfand ich die Therapie als durch und durch lustig. Ich konnte und wollte den Ernst der Lage nicht erkennen. Wie erwähnt: Ich sah alles als ein Spiel an. Ja, ich betrachtete eigentlich mein gesamtes Leben als Spiel! Alles versuchte ich, ins Lächerliche zu ziehen. Warum? Keine Ahnung. Auch heute noch neige ich teilweise dazu, die Dramatik einer Lage hinter Sarkasmus und dunklem Humor zu verschleiern. Vielleicht ist das eine Art Selbstschutz. Lieber darüber lachen, anstatt sich damit ernsthaft zu beschäftigen. Gefühle einfach weglachen. Oder eventuell resigniert in solchen Situationen auch das Gefühlszentrum im Gehirn? So in dem Sinne „Weinen und Verzweiflung bringt nichts mehr, deshalb versuchen wir jetzt einfach mal gegenteilig zu reagieren". Wer weiß das schon. Meistens bekommen wir ja gar nicht mit, was unser Gehirn denkt. Besonders in Krisensituationen präsentiert es uns gerne vollendete Tatsachen, anstatt und vorzuwarnen und uns zu fragen, ob dieses Verhalten wirklich sinnvoll und zielbringend ist.

Doch trotz aller Schwierigkeiten und Spielerein meinerseits, behauptete Frau Hagen nach Abschluss unserer vier Probetherapiesitzungen, dass ich Fortschritte machen würde. Als sie bei einem gemeinsamen Abschlussgespräch vor meinen Eltern behauptete, dass wir auf einem guten Weg seien, und sie optimistisch wäre, dass sie meine Depression in weiteren Sitzungen gut eindämmen könnte, wäre ich fast vom Stuhl gefallen. Ich musste mich zusammenreißen, nicht laut aufzulachen oder nachzufragen, ob sie das ernsthaft so sah. Als sie von meiner Therapiebereitschaft und den ganzen positiven Entwicklungen während der ersten vier Stunden erzählte, fragte ich mich in Gedanken, ob sie womöglich die Patientenakten verwechselte, und nicht von mir, sondern einer anderen Patientin sprach. Doch als ich in die glücklichen und hoffnungsvollen Gesichter meiner Eltern blickte, wagte ich es nicht, das Gegenteil zu behaupten. Ich wollte ihnen diese Hoffnung auf Besserung nicht nehmen.

Wieso die Psychologin die These vertrat, dass ich mich auf einem guten Weg befand, verriet sie mir in der kommenden Sitzung. Denn selbstverständlich sollte ich auch nach Verstreichen der ersten vier Schnupperstunden, weiterhin zur Therapie kommen … Meine Motivation, jede Woche zu der Psychologin zu gehen, hielt sich zwar in engen Grenzen, doch mein Willen über Sinn und Zweck dieser Gesprächstherapie zu diskutieren, gestaltete sich noch kleiner. Nicht zu widersprechen, und mich den Wünschen meiner Eltern und der Psychologin zu beugen, war somit das geringere Übel.

Zusätzlich hatte ich dadurch eine „Ausrede", weshalb ich zuhause nicht mit meinen Eltern über das Geschehene und aktuelle Probleme reden wollte. Schließlich waren das alles Themen, die ich angeblich einmal wöchentlich in der Therapie aufarbeitete. Ob ich dort dann wahrhaftig darüber sprach, stand auf einem anderen Blatt und konnte nicht kontrolliert werden.

Simpel ausgedrückt könnte man sagen, ich nutzte die Therapie als Freifahrtschein, um mich unangenehmen Unterhaltungen zuhause oder in der Schule zu entziehen und als Ausrede für sämtliches Negativverhalten. Wenn mich jemand zu einem Gespräch zwingen wollte, mich fragte, wie ich mich fühlte, mich darauf hinwies, dass ich mich negativ auffallend verhielt oder Ähnliches, entgegnete ich jedes Mal, dass ich darüber mit meiner Psychologin sprechen würde und wir gemeinsam daran arbeiteten, dass ich das in den Griff bekam. Diese Lüge war perfekt und hielt mir eine ganze Weile Diskussionen, unangenehme Fragen, Vorwürfe und Sanktionen vom Leib. Und dafür musste ich noch nicht mal viel tun! Ich musste mich nur einmal die Woche eine Stunde lang in das Zimmer von Frau Hagen setzen und mich zutexten lassen. Das stellte keine große Herausforderung dar, aber brachte mir persönlich einen riesigen Nutzen. Es dauerte nämlich erstaunlich lange, bis nach und nach diese Lüge aufgedeckt wurde, und herauskam, dass ich in Wirklichkeit sowohl die Psychologin als auch den gesamten Rest der Welt an der Nase herumführte und mir alles so drehte, dass ich immer fein aus der Klemme kam. Doch zurück zum Thema wieso die Psychologin angab, dass die Therapie Fortschritte machte:

In der ersten Sitzung im neuen Jahr stellte mir Frau Hagen genau diese Frage. Vollkommen perplex schaute ich sie damals an und fragte zurück, woher ich das wissen solle, schließlich war es ihre Behauptung und nicht meine. Dabei verbrauchte ich zwanzig wertvolle Wörter von meinem knappen Wortkontingent. Normalerweise zog ich es vor, besonders zum Anfang der Stunde, Fragen mit maximal drei Begriffen zu beantworten, um meine restlichen Wörter aufzuheben, doch diese seltsame Äußerung von ihr brachte mich durcheinander. Überhaupt verlief das gesamte Gespräch an dem besagten Tag nicht so, wie ich es geplant hatte.

Nachdem ich mehrfach mit den Achseln zuckte und damit signalisierte, dass ich keine Ahnung hatte, weshalb ich ihrer Meinung nach Fortschritte machen sollten, beantwortete sie ihre Frage selbst.

„Lucy, ich glaube, wir beide wissen, dass du kein Interesse an den Therapiegesprächen hast. Du bist nicht hier, weil du über deine Probleme reden möchtest. Du bist hier, weil du Diskussionen mit deinen Eltern und Lehrern vermeiden willst. Deine Körperhaltung zeigt Ablehnung, deine Antworten sind kontrolliert, du wirkst abweisend, kühl und bedacht. Manchmal auch ein wenig eingeschüchtert und ängstlich. Aber das ist ok, denn du bist hier. Niemand schleift dich in meine Praxis, ich halte dich nicht fest und alle Türen stehen offen. Du kannst und darfst jederzeit aufstehen und gehen, aber du bleibst. Und genau das ist für mich ein großer Fortschritt. Ein Zeichen, dass wir beide uns auf dem richtigen Weg befinden.“

Ich zog meine Augenbrauen nach oben. War diese Aussage ihr Ernst? O. k., sie hatte recht. Ich kam mehr oder weniger freiwillig in die Praxis, aber das als positiv anzusehen, empfand ich doch etwas übertrieben!

„Ja, und auch das, was du gerade vollziehst, sehe ich als positiv an. Du signalisierst mir mit deiner Mimik, dass du nachdenkst und an meinen Worten zweifelst. Du hörst mir zu. Zumindest ab und zu. Auch dazu zwingt dich niemand. Du könntest dir während der Stunde auch Kopfhörer über die Ohren ziehen und Musik hören."

Ich grinste. Die Idee klang gut! Schade, dass ich keinen tragbaren CD-Player besaß.

„Noch versuchst du, alles zu kontrollieren. Jedes deiner Worte klingt abgezählt. Du redest so gut wie nie über dich und wirkst sehr verschlossen. Das ist aber wie erwähnt völlig in Ordnung. Ich gebe dir diesen Freiraum. Ich denke, wenn du dich sicher fühlst, wirst du dich bald mehr öffnen. Deine Grenzen wurden gewaltig überschritten. Dir wurde der Boden unter den Füßen weggezogen. Es ist normal, dass du erst einmal niemandem mehr vertraust und auf Abstand gehst. Das würde ich an deiner Stelle nicht anders machen. Zerstörtes Vertrauen benötigt Zeit, bis es wieder neu wachsen kann. Diese Zeit bekommst du hier von mir."

Sie warf mir ein aufmunterndes Lächeln zu.

Ich wusste nicht, woran es lag, aber plötzlich verspürte ich ein seltsames, ungutes Gefühl in meiner Magengegend. Irgendetwas ließ mich misstrauisch werden. War es ihre ungehemmt freundliche Art? Nein, sie war immer positiv gelaunt, das konnte es nicht sein. Ihr Lächeln? Nein, das konnte es ebenfalls nicht sein. Es war etwas anders.

„Du musst dich nicht schämen."

Meine Augen weiteten sich. Nein, das konnte es nicht sein! Wusste sie etwa …? Nein, nein! Wieso? Woher? Warum? Nein! Mein Puls schoss in die Höhe. Mein Mund wurde trocken. Ich brauchte Gewissheit.

„Was meinen sie über mich zu wissen?"

Ich stotterte.

„Wissen direkt tue ich gar nichts. Aber aus langjähriger Erfahrung weiß ich, wie sich Vergewaltigungsopfer verhalten. Du zeigst verdächtig viele Parallelen."

„Nein!!!"

Ruhe! Mein Schrei hatte sie verstummen lassen. Von jetzt auf gleich schlug meine aufkommende Angst in Wut um. Ich wollte nicht, dass sie weitersprach! Sie durfte nicht weiterreden und vor allem sollte sie nicht dieses Wort in den Mund nehmen!

„Alles gut", versuchte sie, beruhigend auf mich einzuwirken.

Mein Brustkorb hob und senkte sich in einem rasanten Tempo. Ich atmete viel zu schnell. Alles gut? Diese Frau wagte zu behaupten, dass alles gut sei? Nein, nichts gestaltete sich gut! Ich war rasend vor Wut, vor Anspannung, vor Angst.

Meine Fingerspitzen begannen zu kribbeln und ich schnappte nach Luft. Ich hyperventilierte.

Frau Hagen versuchte, mich zum Durchatmen zu bewegen, doch ich wollte mich nicht beruhigen. Es war eine Katastrophe! ICH war eine Katastrophe! Und mein Leben ebenfalls …

Nach dieser Therapiestunde wurde mir einmal mehr bewusst, wieso mir die Psychologin von Anfang an nicht geheuer war. Sie wusste mehr über mich, als ich ihr erzählte. Ich musste noch vorsichtiger bei ihr werden. Das einzig Positive an dieser misslichen Lage war, dass sie nicht weiter nachbohrte und mir erzählte, dass sie unter ärztlicher Schweigepflicht stand. Ohne meine Erlaubnis würde sie vorerst nicht mit meinen Eltern darüber reden. Doch im selben Atemzug erwähnte sie, dass ich mir im Klaren sein sollte, dass sie bereits ebenfalls schon diesen Verdacht geäußert hätten, und zwar schon während des ersten Vorgespräches in der Praxis. Also auch ohne, dass sie ihnen diese Mutmaßung mitteilte, ahnten meine Eltern, was ich vor ihnen verheimlichte.

Dieses Wissen erzeugte Übelkeit bei mir. Niemand durfte etwas ahnen! ES musste Cedrics und mein Geheimnis bleiben! Sobald jemand Verdacht schöpfte, bedeutete das, dass ich versagt hatte. Ich musste mich mehr anstrengen und mich besser konzentrieren! Cedric durfte keinen Grund bekommen, mich erneut gewaltsam zu züchtigen. Ich wollte nicht schon wieder geschlagen und getreten werden. Mein Körper hielt diese massive Gewalt nicht mehr lange aus.

7. Kapitel - Hass – einfach nur Hass!

Zu Hause angekommen, verkroch ich mich unverzüglich in mein Zimmer. Ich wollte wieder alleine sein. Wie immer. Ich konnte die Anwesenheit anderer Menschen nicht mehr ertragen. Ich konnte meine eigene Existenz nicht mehr aushalten! Der Anblick meines Spiegelbildes, mein Geruch, mein Gesicht, meine Haut, meine Stimme, einfach alles an mir ekelte mich an!

Mit einer scharfen Rasierklinge versuchte ich, den Hass und die Wut aus mir herauszuschneiden. Als Zielort des Angriffes wählte ich meinen linken Oberschenkel. Um es genauer auszuführen, den Begriff, der darauf stand. Ich konnte das Wort „VERSAGER" nicht mehr ertragen. Es begleitete mich auf Schritt und Tritt, in meinen Gedanken und Gefühlen. Ich wollte die Narbe nicht länger sehen! Ich wollte Cedric nicht länger sehen! Das erste Mal überhaupt verstand ich, was er mir angetan hatte. Ich fühlte mich zwar weiterhin für alles verantwortlich und schuldig, doch ich begriff, dass auch er einen beträchtlichen Teil zu meinen Problemen beitrug. Hätte ich ihn nicht kennengelernt, wäre mir eine Menge erspart geblieben. Wäre ich nicht zu ihm ins Auto gestiegen, wäre ich heute nicht an dem Punkt, an dem ich aktuell stehe. Ich war einfach so dumm, so naiv, so unwissend. Ich musste mich bestrafen.

Blut lief aus der Wunde. Die Schnitte waren tief. Vom Verstand her wusste ich, dass die Verletzung wehtun musste, doch ich spürte nichts. Ich fühlte einzig und allein weiter diesen unwahrscheinlichen Hass auf mich selbst und auf mein Leben.

Ich setzte ein viertes Mal die Klinge an und zog sie über meine Haut. Ich wollte dieses „VERSAGER" nicht mehr sehen. Ich hatte das Ziel, den Begriff zu zerstören und vielleicht wollte ich auch mich selbst auslöschen …

Was war ich noch wert? Welchen Wert besaß mein abgefucktes Leben noch?

Diese Nacht war ehrlich zu mir. Sie führte mir vor Augen, wie tief ich in der Scheiße steckte. Ich befand mich in keinem Loch, sondern in den Untiefen des Marianengrabens. Unter mir gab es nichts mehr.

Die Aussage der Psychologin hatte eine Gedankenlawine in meinem Kopf losgetreten. Die Bezeichnung „Vergewaltigung" erzeugte fast denselben Effekt, wie das Wort „VERSAGER", welches mir Cedric in die Haut geschnitten hatte. Es gab zwischen diesen Begriffen nur einen kleinen, jedoch bedeutsamen Unterschied. Das Wort Versager stand auf meiner Haut. Ich konnte es sehen, Cedric konnte es sehen und alle Männer, die mit mir schliefen konnten es sehen, aber niemand sonst. Es waren hauptsächlich meine Gefühle, meine Gedanken in denen der Begriff lebte. Doch bei dem Wort Vergewaltigung war es genau umgekehrt. Ich konnte in mir kein Vergewaltigungsopfer erkennen und Cedric und die fremden Männer sehr wahrscheinlich auch nicht. Es stand nicht auf meiner Haut und ich konnte es nicht fühlen. Aber dennoch schien jeder Außenstehender mir mein Geheimnis anzumerken. Meine Eltern, die Lehrer, die Psychologin, ja sogar einige Mitschüler sahen offensichtlich etwas in mir, was ich nicht erkennen konnte. Einen Stempel oder Schmutz, der an mir klebte. Ich war dazu nicht in der Lage diese Zeichen wahrzunehmen. Ich spürte lediglich ein widerliches Gefühl auf meiner Haut. Ich konnte mich nicht mehr reinwaschen. Mein Körper fühlte sich ekelerregend und widerlich an.

Ich selbst sah mich nicht als Opfer in dieser Zeit. In meinen Augen gab es keine Vergewaltigungen oder Missbrauch, sondern nur Sex. Bezahlten Sex mit fremden Männern. Ich machte es zwar nicht freiwillig, aber ich bekam Geld dafür. Geld, das ich für Susan brauchte, und das ich dankend annahm. Dementsprechend konnte es sich gar nicht um Vergewaltigungen oder Missbrauch handeln – laut meiner Auffassung. Denn welcher Täter entlohnt sein Opfer für ein Verbrechen? Bezahlten Sex gab es ausschließlich bei Prostituierten. Dementsprechend war ich kein Opfer, sondern eine Prostituierte. Eine Schlampe, eine Hure, so nannte mich auch Cedric gerne. Diese zwei Bezeichnungen stellten seine Lieblingskosenamen für mich dar. Und Versager … Mit meinem richtigen Namen sprach er mich kaum noch an. Ausschließlich wenn er mir eine SMS schrieb, um mir den Termin für das nächste Treffen mitzuteilen, nannte er mich „Süße". Doch ansonsten ließ er nichts Nettes über mich hören. Aber daran hatte ich mich mittlerweile gewöhnt. Ich glaube, mich hätte es eher gewundert und zu denken gegeben, wenn er plötzlich super freundlich zu mir gewesen wäre. Verhaltensveränderungen bei ihm signalisierten nämlich selten etwas Positives. Meistens waren sie ein Indiz dafür, dass er bald etwas abartig Schlimmes von mir verlangte. Deshalb weckte jedes nette Wort von ihm direkt Misstrauen und Angst bei mir.

Fühlte ich mich für seine Gewalttaten verantwortlich? Ja, definitiv. Wobei „verantwortlich fühlen" fast noch harmlos ausgedrückt ist. Ich fühlte mich schuldig. Ich empfand mich als Täterin. Ich dachte, dass es in meiner Verantwortung lag, dass dies alles passierte. Ich suchte bei allem die Schuld bei mir. Ich warf mir selbst vor, dass ich mich hätte anders verhalten können, anstatt Cedric zu provozieren, und ich war es nicht wert, netter behandelt zu werden. Jeder Mensch ist für sein Leben selbst verantwortlich, deshalb war es offensichtlich auch mein Verschulden, dass ich mich in dieser Lage befand!

Ich versuchte mir eine Logik aufzubauen, Halt zu finden und das Chaos schön zu reden. Tief in meinem Innern wusste ich, dass es nicht meine Schuld, und dass es hochgradig illegal war, was Cedric mit mir machte, aber ich wollte dieses Wissen nicht wahrhaben. Ich wollte das Wort „Vergewaltigung", „Missbrauch" oder „Zwangsprostitution" nicht hören. Diese Bezeichnung lösten, genauso wie das Wort „Täter" beziehungsweise „Opfer", einen schmerzhaften Stich und Übelkeit in mir aus. Ich konnte diese Wahrheit nicht ertragen. Für mich blieb es leichter zu akzeptieren, dass ich eine wertlose Schlampe war, die für Geld anschaffen ging, anstatt mir einzugestehen, dass ich ein Opfer von sexueller Gewalt sei. Auch heute noch fällt es mir schwer den Satz „Ich wurde vergewaltigt", zu sagen. Mittlerweile kann ich die Scham und meine Unsicherheit, wenn ich über dieses Thema spreche, gut verbergen. Doch in mir drinnen leuchten weiterhin sämtliche rote Lampen auf, wenn ich auf das Thema angesprochen werde. Für mich persönlich fühlt es sich falsch an, zu sagen, dass ich ein Opfer war, und Cedric ein Täter. Nach all den Jahren habe ich zwar vom Verstand her begriffen, dass ich tatsächlich das Opfer war, und keine Täterin, doch dieses

Wissen ändert nichts an meinen Empfindungen. Kopf und Gefühle sind nämlich zwei vollkommen unterschiedliche Dinge. Wenn ich etwas im Kopf weiß, heißt das noch lange nicht, dass meine Gefühle das auch so sehen.

Zusätzlich verstärkt wurde das Gefühl, eigenständig für alles verantwortlich zu sein, durch Cedrics regelmäßige Drohungen und dadurch, dass er mich teilweise selbst zu einer Täterin machte. Ja, das hört sich seltsam an, ist jedoch eine ganz einfache Masche, um jemanden zum zuverlässigen Schweigen zu bringen. Der gesamte Täterring basierte auf diesem simplen und doch höchst wirksamen Konzept. Drohungen und Gewalt sind gute Mittel, um jemanden gefügig zu machen. Allerdings neigen wir Menschen dazu, Schmerz zu vermeiden. Das bedeutet, dass der Geschädigte früher oder später versucht zu fliehen, seinem Peiniger aus dem Weg zu gehen oder sogar die Polizei alarmiert. Das gilt es zu vermeiden. Besonders Letzteres würde eine große Gefahr für die Täter darstellen. Also muss eine andere, eine ergänzende Lösung gefunden werden. Und dieses erweiterte „Sicherheitskonzept" lautet: Mache dein Opfer selbst zum Täter. Somit gibt es keine letzte Fluchtmöglichkeit aus dem Teufelskreis und das Opfer ist gefangen. Ein Ausstieg wird unmöglich.

In meinem Fall war Cedrics Versicherung, dass ich auch, wenn ich für einen Moment lang den Mut und den Willen hätte alles zu beenden, nicht zur Polizei ging: Susan. Würde ich eine Aussage machen, müsste ich angeben, dass ich Geld von ihm bekam, um mein Pflegepferd zu finanzieren. Dadurch würde ich Susans Leben aufs Spiel setzen und mich auch teilweise selbst belasten. Das wollte ich nicht riskieren.

Sicherlich hätte es Möglichkeiten gegeben diese Probleme – wenn man es überhaupt als Probleme bezeichnen konnte –, zu lösen. Die Polizei hätte es mir vermutlich nicht negativ ausgelegt oder als Beweis angesehen, dass ich bei all dem freiwillig mitmachte, weil ich dafür Geld bekam oder mich sogar deswegen verhaftet. Aber soweit denkt man in der Situation nicht. Und vor allem auch nicht im Alter von 15 Jahren! Mein damaliger Wunsch war es, dass es aufhörte, alles ein Ende nahm, die Übergriffe nicht schlimmer werden, ich sterbe oder am nächsten Morgen aufwache und alles wieder gut ist. Nicht mehr und nicht weniger. Ich wollte weg von Cedric, aber jeder Schritt, der mich ein Stückchen von ihm wegbrachte, machte mir zeitgleich unwahrscheinlich viel Angst … Ich drehte mich ständig im Kreis und dachte, egal, welchen Weg ich nehmen würde, ich würde sowieso entweder in einer Sackgasse oder wieder in Cedrics Armen landen.

Dieses Prinzip, andere mitverantwortlich zu machen, damit sie nicht gefährlich werden können, wurde übrigens auch bei den Tätern untereinander angewandt. Um Mitglied des Ringes zu werden, mussten die Männer unterschiedliche Prüfungen bestehen. Dazu zählte es unter anderem, selbst Vergewaltigungen durchführen und Mädchen zu schänden. Bei den ersten Malen wurden diese Taten mit einer Kamera aufgezeichnet. Das gab den oberen Strippenziehern die Sicherheit, dass niemand der Männer auf doofe Gedanken kam. Selbst wenn es irgendjemandem, irgendwann zu brutal werden sollte, und diese Person drohen wollte auszusteigen, hätte er durch die alten Aufnahmen schlechte Karten bei der Polizei. Denn wer zeigt sich schon gerne selbst an wegen

Körperverletzung, Kindesmissbrauch und Kinderpornografie? Und diese Videos zu verheimlichen, stellte keine Option dar. Denn, wenn eines so sicher war, wie das Amen in der Kirche, dann, dass die oberen Strippenzieher dafür sorgten, dass der oder die Aussteiger unschädlich gemacht wurden. Jeder, der die Machenschaften des Ringes nach außen trug, spielte mit dem eigenen Leben und dem Leben seiner Familie. Oder ging die Gefahr ein, dass er im Knast oder einer Irrenanstalt landete. Wobei da der Tod sicherlich noch angenehmer war ... Dann hatte man es nämlich – salopp ausgedrückt – hinter sich und musste nicht länger in Angst leben. Die Kontakte und das Netzwerk der Täter sind so gigantisch, dass es schwer ist, sich als Außenstehender vorzustellen, zu was dieser Ring fähig ist.

Für mich gab es kein Entkommen. Egal, wie oft und wie lang ich mir den Kopf über die Situation zerbrach, es gab keinen Ausweg. Ich war in einem unsichtbaren Käfig gefangen. Wie eine Marionette bewegten andere Menschen meinen Körper, steuerten mich, hielten mich fest und befahlen mir, was ich zu tun und zu lassen hatte. Die einzige Möglichkeit den Fängen zu entkommen, war Suizid. Wenn ich selbstständig meine Fäden, die mich festhielten durchschnitt, wäre ich frei. Frei von Schmerz, frei von quälenden Erinnerungen, frei von zu vielen Gedanken. Diese Aussicht war verlockend. Es hielt mich kaum noch etwas auf dieser Welt, in diesem Leben.

Hauptsächlich Susan zu Liebe, achtete ich darauf, dass sich die Klinge nicht zu tief in meine Haut bohrte, oder ich vor ein Auto oder einen Zug lief. Wobei ich es auch nicht übers Herz gebracht hätte, vor ein Auto oder einen Zug zu laufen. Nicht, weil ich nicht genügend Willen besaß, mir das Leben zu nehmen, sondern weil ich niemand anderen verletzen wollte. Ich wusste aus eigener Erfahrung, wie schmerzhaft es ist, mit einem Trauma zu leben, wie solch ein Erlebnis das gesamte alte Leben in Trümmern legt, und das konnte ich niemand anderem zumuten. Ich wollte nicht, dass fremde Menschen wegen mir leiden mussten. Wenn ich mich umbrachte, wollte ich es alleine tun und niemanden in meinen Entschluss zu sterben mit einbeziehen.

8. Kapitel - Zukunft? Kenne ich nicht!

Mein Halbjahreszeugnis fiel den Umständen entsprechend gut aus. Da ich die ersten Monate des Schuljahres noch gute Noten schrieb und erst in den letzten paar Wochen der massive Einbruch stattfand, kam bei der Verrechnung der Leistungen ein durchschnittlich akzeptables Ergebnis heraus. Gepaart mit dem Wohlwollen vieler Lehrkräfte, entstand so ein Notendurchschnitt von 2,8.

Noch nahmen meine Lehrer und Eltern an, dass ich mich bis zu den Sommerferien wieder stabilisieren würde. Sie machten mir Mut, dass meine eher schlechten schulischen Leistungen sicherlich nur vorübergehend wären, genauso, wie meine betrübte Stimmung und meine aktuelle Traurigkeit. Ich müsste lediglich an mich glauben, etwas Zeit abwarten und dann würde alles ganz schnell wieder besser werden. Jeder meinte, in diesen Monaten zu wissen, wie ich mich fühlte, was mit mir los sei, und dass in ein paar Wochen alles in Vergessenheit geraten würde und danach wieder Alles beim Alten wäre.

Es nervte mich extrem, wie alle Menschen auf einmal auf mich zukamen, mir erzählten, dass sie auch irgendwann mal traurig waren, auch etwas Schlimmes erlebt hätten, aber jetzt darüber hinweg seien. Es nervte mich, ständig gesagt zu bekommen, wenn du so verbittert schaust, dann würde ich ebenfalls Depressionen bekommen, du musst lachen oder wenn mir vorgeworfen wurde, dass ich mich hängen ließe und es deshalb gar nicht besser werden konnte. Diese Vorwürfe und tollen Ratschläge bauten mich nicht auf, sie machten mich wütend! Genauso wie es mich zornig machte, ständig eingetrichtert zu bekommen, dass ich endlich über das, was mich belastete, reden sollte. Diese Worte erzeugten alle einen unwahrscheinlichen Druck in mir. Einen Druck, der in mir pulsierte, der in die Höhe schoss und in mir das Gefühl gab, gleich zu platzen. Ich fühlte mich wie ein Fahrradreifen, in dem man immer mehr und mehr Luft hineinpumpt. Der sich zunehmend mehr aufplustert und bei dem sich das Gummi bereits ausdehnt. Ich musste ein Ventil öffnen, um diesen Druck, den Schmerz, loszuwerden. Doch leider war das normale Ventil kaputt. Es funktionierte nicht. Deshalb nahm ich eine Rasierklinge und stach ein Loch in den Reifen, durch den der Druck entweichen konnte. Ich schnitt mir die Arme auf, meine Beine, meine Füße, meine Hüfte … Ich machte vor kaum einer Stelle meines Körpers halt. Jeder Bereich, den ich mit Kleidung überdecken konnte, war mir Recht. Jeder Schnitt, den ich mir zufügte, gab mir das Gefühl von Freiheit und Erleichterung. Die Selbstverletzung war ein Schmerz, für den ich mich entschied, den ich alleine steuern konnte, den ich mir selbst zufügte. Andere Verletzungen, die mir durch Außenstehende zugefügt wurden, konnte ich nicht kontrollieren. In diesen Situationen kontrollierten mich Fremde.

Für mich gab es damals viele Argumente für Selbstverletzung und kein einziges, was dagegensprach. Cedric schlug deswegen oft auf mich ein oder trat nach mir. Besonders, wenn ich mit der Klinge über das Wort „Versager" auf dem Oberschenkel schnitt, rastete er aus. Doch erstaunlicherweise konnte er mir nicht mehr wehtun. Zumindest nicht mehr seelisch. Meine Gefühle waren so eingefroren, dass die blauen Flecken auf meiner Haut keinerlei Bedeutung mehr für mich besaßen. Ich war kaputt, zerstört, am Ende. Ich hatte aufgehört zu leben.

Die Monate zwischen Februar und August sind in meiner Erinnerung lückenhaft. Es ist für mich, als hätte ich in dieser Zeit überhaupt nicht gelebt. Und ich glaube, mit der Aussage liege ich gar nicht so extrem falsch. Denn Leben ist mehr als ein schlagendes Herz zu besitzen. Leben ist mehr als fünf Buchstaben auf einem Papier; Leben bedeutet zu lachen, glücklich zu sein, sich zu freuen, etwas zu fühlen und noch vieles mehr. Doch das alles konnte ich nicht mehr.

Ich vegetierte vor mich hin und versuchte, ab und zu, notgedrungen zu funktionieren. Ich befand mich gedanklich mehr in meiner Fantasiewelt, als in der realen Welt. Normalerweise sollte man denken, dass ein Mensch am Ende seiner Kräfte ist, wenn er über Suizid nachdenkt, aber das ist falsch. Es gibt noch eine Stufe darunter. Auf dieser Stufe stand ich mittlerweile. Ende April war ich so kraftlos und erschöpft, dass ich nicht einmal mehr über Selbstmord nachdenken konnte. Meine Hauptgedanken waren, wie ich den heutigen Tag überlebe und wann darf ich endlich wieder schlafen.

Ich stand morgens auf, nahm bereits vor dem Frühstück eine Schmerztablette um meinen Körper zu betäuben, schlich ins Bad, um unter Unmengen vom Make-up meine Augenringe zu verbergen, ging weiter in die Küche, schmierte mir dort lustlos ein Brot und machte mich anschließend fertig für die Schule. Mit meinen Eltern oder anderen Menschen redete ich nur noch das Nötigste. Meine Lieblingsantwort war „vielleicht“. Egal, ob dieser Begriff als Antwortmöglichkeit passte oder nicht. „Vielleicht“ war ein tolles Wort. Es bedeutete weder ja noch nein, es teilte keine Entscheidung mit, legte sich auf keine Seite fest und man konnte damit nichts falsch machen. Es passte zu mir. Es war unentschlossen und übergab dem Gegenüber die Verantwortung die Entscheidung zu übernehmen.

In der Schule war ich so gut wie immer pünktlich. Oft kam ich sogar zu früh an, weil ich es in den eigenen vier Wände nicht länger aushielt. Lieber streifte ich 30 Minuten alleine durch die Schulgänge, anstatt zuhause am Frühstückstisch bei meiner Familie zu sitzen. Während des Unterrichts war ich jedoch oft abwesend. In den ersten zwei Doppelstunden hörte ich den Lehrern meistens noch zu, in der nächsten Doppelstunde tauchte ich in meine Fantasiewelt ab und danach, nach der folgenden großen Pause, war ich oftmals gar nicht mehr im Klassensaal. Nicht einmal mehr körperlich. Ab und zu kam in der zweiten großen Pause nämlich eine SMS von Cedric, dass er mich brauchte, oder aber mich verließ spontan meine Motivation und ich packte meine Sachen und verschwand.

Was ich mir dabei dachte? Nichts. Rein gar nichts. Ich fühlte mich in dem Schulgebäude eingeengt, eingeschlossen und überflüssig. Die Wände und die Worte der Lehrer erdrückten mich. Das Lachen meiner Mitschüler machte mich traurig, das Gerede über Zukunft, zeigte mir, wie hoffnungslos ich war, und dem Inhalt vom Unterricht konnte ich sowieso nicht folgen. Ich gehörte nicht hierher. Ich fühlte mich unwohl und deshalb ging ich. Wohin, war mir egal. An manchen Tagen streifte ich ziellos durch die Stadt, und an anderen Tagen flüchtete ich in den Stall zu Susan. Doch die liebsten Tage waren mir die, bei denen ich in Cedrics Auto stieg und wir zu dem Anglerheim oder zu Mannis Puff fuhren. Diese Tage gaben meinem Leben einen

Sinn. Das ist verrückt? Nein, es ist nicht verrückt. Es war pure Manipulation und Berechenbarkeit. Ich suchte Anerkennung. Ich wollte in dem, was ich fühlte, bestätigt werden. So, wie jeder normale Mensch. Gleichgültig, was manche Leute behaupten, jeder will Aufmerksamkeit, jeder braucht Anerkennung und Bestätigung von außen. Der eine mehr, der andere weniger. Das ist überlebenswichtig. Soweit also nichts Besonderes. Was mich jedoch von normalen Menschen unterschied, war die Art von Bestätigung, die ich suchte. Mein Selbstbild, meine Gefühle und meine Ansichten, die ich bestätigt haben wollte, waren nicht positiv. Ich fühlte mich als Versager, als Nichtsnutz, ich war hassenswert, ich durfte nicht geliebt werden. Das wollte ich von meiner Umwelt auch gesagt bekommen. Ich tat vieles dafür, um mich unbeliebt zu machen, beging beabsichtigte Fehler und suchte gezielt Streit. Ich wollte nicht mehr die Musterschülerin sein, ich wollte nicht mehr alles perfekt machen. Ich schwänzte die Schule, verhielt mich aufmüpfig, rebellierte, blockte alle Annäherungsversuche ab und beleidigte Menschen, die mir trotz meines abweisenden Verhaltens, zu nahekamen. Niemand sollte es wagen, mich nett zu finden oder sich mit mir abzugeben! Ich war es nicht wert, dass man sich mit mir beschäftigte. Ich war eine Versagerin. Ich wollte versagen!

Ja, ich unternahm das alles bewusst, um mich noch mehr zu hassen. Ich wollte mich hassen und alle anderen sollten mich ebenfalls hassen! Niemand durfte etwas Positives von mir erwarten oder in mir sehen. Ich war nicht gut. Mein eigener Selbsthass besaß eine solch gewaltige Kraft, dass er kaum noch zu ertragen war. Doch gleichzeitig bedeutete jedes aggressive Auftreten von mir, jeder Wutausbruch, das gesamte Schwänzen,

Widersetzen von Anweisungen, verbarrikadieren, bewusstes schlechter werden meiner schulischen Leistungen, auch ein Schrei nach Liebe. Jedes Mal, wenn ich aus dem Schulgebäude floh, jedes Mal, wenn ich eine schlechte Note zurückbekam, bei jedem strengen Blick, bei jedem Klassenbucheintrag hoffte ich, dass ein Lehrer mich durchschaute, mich beiseite nehmen und mir mitteilen würde, dass mein Spiel vorbei sei. Dass mein Doppelleben aufgeflogen wäre, ich nicht mehr meine harte Schale bräuchte, um mich zu schützen, sondern ab jetzt schwach sein dürfte. Ich wollte in den Arm genommen, festgehalten und getröstet werden. Ich brauchte jemanden, der mich an die Hand nahm und mich in ein neues, ein normales Leben führte. Aber das verstand niemand … Wie auch? Ich verstand mich selbst nicht! Fass mich nicht an, aber berühre mich, komme mir nicht zu nahe, aber wehe du gehst, lass mich alleine, verlasse mich nicht, helfe mir, aber biete mir keine Hilfe an. Das ist, wie wenn man zwei Autos mit einer Abschleppstange verbindet, und will, dass das eine Auto dem anderen Auto auffährt. Die Metallstange hält den Abstand konstant. Solch eine unsichtbare Stange hatte auch ich um mich herum. Kam jemand einen Schritt auf mich zu, wich ich aus. Ging ich einen Schritt nach vorne, stieß ich zeitgleich mein Gegenüber weg. Es gab keine Möglichkeit an mich heranzukommen.

Heute werde ich oft gefragt, wie man mir in der Zeit hätte helfen können. Diese Frage zu beantworten ist allerdings schwer, denn ich glaube, die Antwort darauf ist: gar nicht. Ich fühlte mich alleine, ich sehnte mich nach einer Vertrauensperson, aber ich ließ niemanden an mich heran.

Jemand, der sich selbst schon einmal in der Lage befand, kann unter Umständen vielleicht nachvollziehen, dass ein „geh weg, ich hasse dich“, manchmal auch „bleibe hier, ich brauche dich“, bedeutet aber jemand, der keinerlei Ahnung auf diesem Gebiet hat, versteht das natürlich nicht. Deshalb fällt es mir schwer, zu sagen, dass sich die Leute in meinem Umfeld anders hätten verhalten sollen. Sie wussten nicht, was los war, sie waren überfordert. Sowohl meine Eltern als auch meine Lehrer hatten keine Ahnung, was sie noch versuchen sollten. Ich entglitt ihnen, ich blockte ab, krass gesagt: Ich schmiss mein Leben weg. Was macht man da? Zuschauen? Mit Gewalt reagieren? Mit Vorwürfen? Nein, das nützt nichts. Sicherlich kommt es immer auf viele Faktoren an. Es gibt keine pauschale Lösung, keinen richtigen Weg und keinen falschen. Was heute richtig ist, kann morgen falsch sein, was dem einen hilft, kann jemand anderen unter Druck setzen. Die Person, die mir damals am meisten geholfen hat und die ich an mich ranließ, war Alex. Sie hat sich so verhalten, wie ich es in dieser Situation gebraucht habe. Obwohl sie eigentlich gar nichts getan hat. Ich glaube, sie hat nicht nachgedacht, was sie zu mir sagte, sie hat sich nicht für meine Probleme interessiert, sie hat nicht nachgefragt, sie hat nichts von mir gefordert, sondern sie hat mich einfach in Ruhe gelassen und so akzeptiert, wie ich war. Wenn ich um elf Uhr vormittags plötzlich im Stall stand, wusste sie genau, dass ich normalerweise in der Schule sein sollte. Doch sie schickte mich nicht zurück. Sie überließ die Entscheidung mir. Pädagogisch sicherlich nicht die beste Lösung, aber wie hätte ich reagiert, wenn sie mich dazu gezwungen hätte, zurück in den Unterricht zu gehen? Ja, ich wäre auch aus dem Stall weggelaufen und hätte mich irgendwo auf den Straßen rumgetrieben. War das besser? Nein. So wusste sie wenigstens, wo ich mich aufhielt und was ich machte. Hätte sie mir meinen Rückzugsort und Anlaufpunkt im Stall genommen, hätte ich gar nicht mehr gewusst wohin und wäre möglicherweise in noch ganz andere Problemverhalten abgerutscht. Natürlich hat sie mich bei den ersten Malen tadelnd angesehen und nachgefragt, ob ich früher Schulschluss hatte oder unerlaubt das Schulgelände verlassen hatte. Sie hieß es keinesfalls gut, was ich machte und dass ich vor meinen Problemen wegrannte, aber mehr als einen strengen Blick bekam ich dennoch nie als negative Reaktion von ihr zu sehen oder zu hören. Sie erklärte mir, dass sie mir vertraute, dass ich alt genug sei, um zu wissen, welche Konsequenzen auf mich zukommen können, und dass ich sicher meine Gründe für das Schwänzen hätte. Sie trieb mich nicht in die Enge, zwang mich nicht dazu, ihr einen Anlass zu nennen, mich anzupassen, zu verändern, freundlich zu sein, sondern akzeptierte mich und meine Launen. Wenn ich weinend ankam, ließ sie mich in Ruhe und wenn ich wütend den Stall erreichte, ging sie mir aus dem Weg. Sie war nicht nachtragend, wenn ich etwas falsch machte und ganz wichtig: Sie ließ mich Fehler machen! Ich kann mich noch an eine sehr prägende Situation für mich erinnern. Ich half ihr beim Futterverteilen für die Pferde. Ich schob einen Schubkarren voll Heu in die Stallgasse, um es dort in den Boxen zu verteilen. Als ich den zweiten Schubkarren gefüllt hatte und gerade loslaufen wollte, rief sie mich zurück und meinte, dass ich dort noch mehr Heu drauflegen könnte. Erstaunt schaute ich sie an und versuchte ihr mitzuteilen, dass mir der Schubkarren voll genug sei, da ich ansonsten Angst hätte, dass das aufgeladene Heu auf dem Weg in die Stallgasse herunterfällt. Doch Alex nahm auf diese Aussage von mir keine Rücksicht, sondern lud noch einen riesigen Heuberg auf meine sowieso schon volle Schubkarre. In diesem Moment war ich den Tränen nahe. Ich hatte gigantische Angst die Schubkarre zu bewegen. Ein falsches Zucken und alles würde herausfallen. Diese unterdrückten Tränen nahm auch Alex wahr. Doch anstatt mir zu helfen oder wieder etwas Füllmenge zu entnehmen, fragte sie mich ohne jegliche Emotion: „Was würde denn passieren, wenn das Heu auf dem Weg herausfällt?"

Ich zuckte mit den Achseln. In Gedanken begann ich mich selbst niederzumachen und mir Vorwürfe zu machen, wieso ich mich wegen solch einer Kleinigkeit so extrem anstellte. Mein Verhalten war peinlich! Ich konnte selbst nicht sagen, wieso ich wegen solch etwas Belanglosem kurz davorstand, in Tränen auszubrechen.

„Nichts. Rein gar nichts passiert dann. Die Schwerkraft sorgt dafür, dass es nach unten fällt, du bleibst stehen, nimmst die Mistgabel und hebst es wieder auf."

Alex hatte recht: Es würde nichts passieren, wenn das Heu zu Boden fiel. Dennoch hatte ich Hemmungen die Aufgabe zu erledigen. Was mir im Weg stand? Ich selbst. Meine eigenen Gedanken, mein Gefühl, nichts zu können, und meine Angst zu versagen …

Wie es der Zufall wollte, fiel beim Transport so gut wie alle drei Meter eine Ladung Heu nach unten. Mein Herz raste, ich verspürte Angst, fürchtete angeschrien und ausgelacht zu werden, malte mir gedanklich die schlimmsten Horrorszenarien aus, wie Alex auf mein Versagen reagieren würde, aber nichts von all dem trat ein. Das Heu fiel zu Boden, ich hob es auf und fuhr weiter. Es geschah nichts Gravierendes. Es war kein Fehler. Niemand bestrafte mich dafür.

Mit solchen und mit anderen, ähnlichen Aufgaben regte mich die Stallbesitzerin immer wieder zum Nachdenken an. Sie brachte mir viel über den Sinn des Lebens bei und sorgte dafür, dass wenigstens die Ruinen meines Selbstvertrauens stehen blieben und nicht auch noch zu Staub zerfielen.

Ich bin mir ziemlich sicher, dass Alex mehr über mich und meine Geschichte wusste, als sie zugab. Jedoch interessierte es sie nicht, was ich erlebte oder wie sie all das beenden konnte, sie interessierte nur, wie sie für mich den Moment, den Augenblick verbessern konnte. Sie ließ mir den Freiraum, den ich brauchte. Ging ich ihr aus dem Weg, lief sie mir nicht hinterher, wollte ich reden, hörte sie mir zu, wollte ich schweigen, schwieg sie mit mir. Und das war die größte Hilfe, die man mir geben konnte. In der Schule, zuhause und in der Therapie sahen mich alle als das depressive Mädchen, das sich selbst verletzt, das Hilfe braucht, dass keine Hoffnung hatte, dem man helfen und gut zureden musste, die man keine Sekunde aus den Augen lassen konnte, weil sie sonst wieder zu Klinge greift. Aber im Stall war ich das nicht. Dort war ich das Mädchen, das sein Pferd besuchte, das ausreiten wollte, das mit anpacken konnte und das einfach nur versuchte, glücklich zu sein und die Welt vor dem Stalltor zu vergessen. Ich wurde von Alex nicht anders behandelt, bekam keine Vorteile oder Nachteile, sondern war einfach „normal". Das tat gut. Die Minuten und Stunden, die ich im Stall verbrachte, konnte ich leben. Ich durfte lachen, vergessen, Kraft tanken, mich so fühlen wie ein normales Mädchen in meinem Alter, das keinen Kummer und keine Sorgen hat. Ich fühlte mich wie ausgewechselt. Mein Alltag rutschte in den Hintergrund und das Positive rückte in den Vordergrund.

Viele werden sich fragen: Kann man mit Depressionen und dem Wissen, dass man in ein paar Stunden wieder anschaffen gehen muss, eventuell verprügelt wird; wenn einem wohl Gegenstände in die Scheide gerammt werden, bis man droht vor Schmerz das Bewusstsein zu verlieren, überhaupt glücklich sein? Ja, man kann! Man ist auf eine andere Weise glücklich, man lebt anders, man fühlt anders, aber selbst jemand, der mit dem Gedanken spielt, sich das Leben zu nehmen, weil nichts mehr für ihn einen Sinn ergibt, kann von Herzen lachen. Nicht immer, nur sehr selten, für Sekunden, aber es geht. Und diese glücklichen Sekunden sind es dann oftmals, die einem zeigen, dass das Leben auch anders, auch schön sein kann.

Unsere Psyche ist nämlich nicht doof. Im Gegenteil: Sie weiß besser, wie man überlebt als uns bewusst ist. Wenn man zu viele negative Ereignisse in zu kurzer Zeit erlebt, beginnt sie zu verdrängen und wenn man die Möglichkeit hat, glücklich zu sein, nutzt sie diese Chance in vollen Zügen aus. Ein normaler Mensch mit einem durchschnittlichen Leben denkt zum Beispiel an Morgen, an bevorstehende Aufgaben, Prüfungen, Erledigungen, die er noch auszuführen hat. Er schafft es nicht, den Moment zu leben. Er merkt zwar, gerade ist alles gut, aber gedanklich befindet er sich nicht im Augenblick, sondern bereits ein paar Stunden oder Tage in der Zukunft. Er kann das Planen nicht lassen. Hingegen lebt ein Mensch, der mit

Depressionen zu kämpfen hat, schwer krank ist oder einige heftige Schicksalsschläge hinter sich hat, in der Sekunde, im Jetzt. An nachher oder an morgen denken? Nein, wieso? Jetzt gerade ist man glücklich, kann vergessen, braucht keine Angst zu haben, weshalb sollte man sich diesen Hoffnungsmoment zerstören, indem man an später denkt? Man lernt, den Wert eines klitzekleinen Augenblicks zu schätzen. Man weiß, dass das tolle Gefühl nicht von Dauer ist. Man kann es nicht festhalten. Manchmal bleibt es für fünf Sekunden, manchmal für zehn Minuten und manchmal kommt es auch gar nicht. Ab und zu ist es für mehrere Wochen weg, dann hat man mal wieder zwei Mal in der Woche das Glück für ein paar Sekunden das Leben zu spüren, es ist unterschiedlich. Man kann es nicht steuern, man kann es einzig und alleine wertschätzen, und versuchen, sich in düsteren Zeiten daran zu erinnern.

Doch zurück zu einem anderen Thema. Vor einigen Seiten hatte ich angedeutet, dass ich es akzeptierte, was Cedric meinem Körper antat. Dass ich es guthieß, wäre übertrieben, aber ich brauchte es. Seine Gewalttaten besaßen für mich eine wichtige Bedeutung. Ich hätte derzeit nicht auf sie verzichten können. Obwohl ich mir so sehr wünschte, dass alles aufhören würde … Ja, der gefühlte tausendste Widerspruch in diesem Buch, der jedoch ebenfalls erklärbar ist.

Ich hoffe, dass ich meine Leser nicht zu sehr mit meiner Geschichte verwirre. Denn das ursprüngliche Ziel war es ja, Ordnung in mein chaotisches Leben zu bringen und das Durcheinander in meinem Kopf zu sortieren und begreiflich zu machen. Doch ich fürchte, dass ich mir damit ein sehr, sehr hohes Ziel gesetzt habe … Vielleicht ein zu Hohes? Abwarten.

Ich weiß nicht, wie andere Menschen aufräumen, aber für mich persönlich habe ich herausgefunden, dass es die beste Taktik ist, erst einmal für richtig Chaos zu sorgen, bevor man aufräumt. Das heißt, alle Schubladen komplett herausziehen, alles ausleeren, die Schränke hervorrücken, den Dreck zusammenkehren und auf einen Haufen schieben. Erst wenn man jeden Winkel, jede Ecke gereinigt hat, kann man neu einsortieren. Wie bei einem Puzzle hat alles seinen festen Platz. Diesen Platz muss man jedoch erst finden. Und häufig liegen die Geheimnisse im Detail. Nicht alles, was auf den ersten Blick unlogisch und widersprüchlich erscheint, ist es auch. Manchmal muss man es bloß aus einem andern Blickwinkel betrachten, um den Sinn zu sehen. Also Chaos habe ich genug angerichtet, nun versuche ich, diese Unordnung zu sortieren:

Cedric machte mich nieder, schlug, trat, demütigte und vergewaltigte mich und verkaufte meinen Körper an fremde, aggressive Männer; doch er gab mir trotz allem auch das Gefühl gebraucht zu werden. Er pflanzte mir den Gedanken ein, dass ich ohne ihn nicht leben könnte. Und ich glaubte daran. Ich folgte seinen Befehlen willenlos. Er hatte mich in eine Ecke der emotionalen Abhängigkeit getrieben und mir eine Hölle erschaffen, in der ich mich heimisch fühlte. Ich glaubte seiner Aussage, dass ich ohne ihn schon längst tot wäre. Er behauptete, dass er mich und Susan gerettet hätte und ich ihm dankbar sein sollte, dass er mir nichts Schlimmeres antat. Ich hatte keine Zweifel an diesen Sätzen. Genauso glaubte ich ihm, dass ich ekelerregend und hassenswert sei. Ich wäre nutzlos, zu nichts zu gebrauchen, lediglich zum ficken gut genug. Ich musste mich anstrengen und alles dafür tun, damit die Freier auf ihre Kosten kamen: Waren sie zufrieden, wurde ich beachtet und gelobt. War ich mein Geld nicht wert, wurde ich mit Schlägen bestraft. Sobald ich bei Cedric ins Auto einstieg, hatte ich nur noch ein Ziel vor Augen: Eine gute Schlampe zu sein. Ich wollte alles richtigmachen und keinen Fehler begehen. Denn jeder Fehltritt bedeutete Bestrafung und irgendwann vielleicht sogar Susans oder meinen Tod. Tat es weh, war es meine Schuld, machte ich alles richtig, gab es Geld und Wertschätzung. Gezwungenermaßen war ich auf das Wohlwollen und die Zufriedenheit meiner Kunden angewiesen. Ich musste funktionieren. Suchten sie sich eine andere Schlampe, bedeutete das zwar weniger Übergriffe für mich, aber mehr Schläge von Cedric und weniger Geld.

Jeder Übergriff bestärkte mich in meiner Auffassung, ein schlechter Mensch zu sein. Einmal behauptete Cedric, dass ich von dunklen Dämonen besessen sei, und die Schläge und Vergewaltigungen mich von diesen Dämonen und düsteren Gedanken befreien würden. Damals glaubte ich ihm das. Heute runzle ich darüber die Stirn und verstehe die Botschaft dahinter. Mit „Dämonen" meinte er keine bösen Geister, sondern mein Lebenswille, mein Wille, die Situation zu verändern, und die „bösen Gedanken" stellten den Wunsch einfach abzuhauen, meinem Leben zu entfliehen dar. Er wollte nicht, dass ich mich ihm widersetzte, oder versuchte aus seiner Abhängigkeit auszubrechen.

Ich steckte wortwörtlich in einem Teufelskreis fest. Einem Ring aus Männern, die für mich den Teufel verkörperten, die seltsame Rituale durchführten, die mich in ihrer Mitte gefangen hielten, mit unsichtbaren Ketten knebelten und mir meine Seele raubten. So sehr ich auch wollte, dass Cedric mich in Ruhe ließ, ich hätte zu dem damaligen Zeitpunkt noch nicht ohne ihn Leben können. Irgendwann gewöhnt man sich nämlich so sehr an alles, dass man sich ein Leben ohne dieses Etwas nicht mehr vorstellen kann. Es gehört zu einem dazu. Es ist Teil der eigenen Geschichte, wie ein Schatten. Man fühlt sich verpflichtet, man kennt sich. Ich hatte meine Taktiken damit zurechtzukommen. Prostitution war für mich Alltag. Würden die Übergriffe ein Ende haben … Was blieb dann noch von meinem Leben übrig? Was blieb noch von mir übrig? Eine Schlampe, die nicht mehr anschaffen geht? Wie viel ist solch eine Schlampe noch wert? Wie sollte meine Zukunft aussehen? Hatte ich überhaupt eine Zukunft ohne Cedric? Ich konnte in keinem normalen Beruf arbeiten. Mit meinen aktuellen schulischen Leistungen würde ich nicht einmal den Abschluss schaffen …

Es gab zu viele Zweifel und Fragen, die mir Angst machten. Die Panik in mir auslösten. Ich konnte meine Hölle nicht verlassen. Das funktionierte nicht. Ohne Cedric wäre ich verloren! In der normalen Welt hatte ich noch weniger Zukunft als in Mannis-Puff. Außerdem: Selbst, wenn ich mich getrauen würde etwas zu ändern, wer würde mir glauben? Die Polizei, die ich angelogen hatte? Der Arzt, der ebenfalls bei mir „Kunde" war? Der von allem Bescheid wusste und dafür sorgte, dass Beweise verschwanden? Die Psychologin, die ich wöchentlich an der Nase herumführte? Meine Eltern, die mit der momentanen Lage bereits überfordert waren? Nein, ich hatte niemanden außer Cedric und Susan. Ich musste weitermachen. Jeden Tag denselben Trott ausführen, anschaffen gehen, schweigen, den innerlichen Schmerz mit Tabletten betäuben und meine widerlichen Gefühle mit Rasierklingen aus mir herausschneiden. Das war mein Leben!

Vor einer ungewissen Zukunft hatte ich noch mehr Angst als vor dem Tod oder Cedrics Gewalttaten. Das musste auch Frau Hagen bei unseren Therapiegesprächen feststellen. Nachdem sie mein Geheimnis, dass ich offenbar einem sexuellen Missbrauch zum Opfer gefallen war, aufgedeckt hatte, probierte sie mir in den folgenden Therapiesitzungen Wege aufzuzeigen, wie ich gesetzlich gegen die Täter vorgehen könnte. Denn laut ihr wäre es schwer mit solch einer Tat abzuschließen, wenn man weiß, dass der oder die Täter noch frei herumlaufen, und jederzeit wieder an die Tür klopfen und zuschlagen könnten. Womit sie ja grundsätzlich nicht falsch lag!

Fast wöchentlich versuchte sie, mir Hinweise aus der Nase zu ziehen, nachzuhaken, ob der Missbrauch noch andauerte oder ob es eine Einzeltat gewesen war und ob die Straftat von einem oder mehreren Tätern begangen wurde, doch ich schwieg. Ich konnte und wollte mich dazu nicht äußern.

Wie Frau Hagen damit umging? Nach außen hin zeigte sie sich souverän. An ihrer Stimme und ihrer Körperhaltung konnte man kaum ablesen, wie angespannt sie die Sachlage machte. Doch mittlerweile war meine Fähigkeit Gefühle von Menschen zu erspüren und zu erkennen, was sie dachten, so weit ausgereift, dass ich nicht nur Cedric genau analysierte um seine Stimmung zu erkennen, sondern fast alle Menschen, mit denen ich zu tun hatte. Diese Fähigkeit verschaffte mir einen Vorteil. Ich konnte Zweifel, Ängste, Unsicherheiten, Wut, Trauer und Verzweiflung spüren und exakt einstufen, wie ernst mein Gegenüber seine Aussage meinte. Dadurch erkannte ich sofort, wer mir gefährlich werden konnte und wer nicht. Bei Frau Hagen wusste ich, dass sie eine hervorragende Schauspielerin war. Ihre Coolness war gespielt. In Wirklichkeit fühlte sie sich oft angespannt und unsicher während unserer Gespräche. Sie wollte, beziehungsweise, musste mir helfen, sie hatte einen Verdacht, was passiert sein könnte, aber ihr fehlte die Gewissheit. Zusätzlich machte ich mehrfach Andeutungen, dass ich sterben wollte. Allerdings äußerte ich mich weder genauer zu dem einen Thema, noch zu dem anderen. Ich warf ihr ausschließlich kleine, zusammenhangslose Wortfetzen vor die Füße und hüllte mich anschließend erneut ins Schweigen. Es lag allein an ihr, herauszufinden und einzuschätzen, ob ich Suizidgedanken hatte, und ob noch weitere Übergriffe stattfanden. Ich wies regelmäßig neue blaue Flecken und Ritzverletzungen auf, Ich schwänzte die Schule … Mein Zustand war konstant schlecht. Aber ihr fehlten die Beweise, um etwas zu unternehmen. Sie benötigte etwas Handfestes, ein „Ja" oder ein „Nein", doch von mir kam immer nur ein „Vielleicht". Ich gab ihr keinerlei Chance mich einzuschätzen und hinter meine Fassade zu schauen.

Damals fand ich es amüsant, sie so unwissend zu lassen und zu sehen, wie auch Psychologen an ihre Grenzen kamen und nicht mehr weiterwussten. Ich lachte sie sogar aus, als sie mir während einer Stunde sagte, dass es hoffnungslos sei mir zu helfen, wenn ich mich querstellte. Ich empfand es als lustig, wie viel Wahrheit in diesem Satz steckte. Mein Leben war tatsächlich hoffnungslos. Der einzige „Fehler" ihrer Behauptung war, dass es nichts damit zu tun hatte, dass ich mich querstellte. Selbst wenn ich nicht alles abgeblockt hätte, wäre es weiterhin hoffnungslos geblieben.

Doch auch wenn ich es so hinstellte, als fände ich alles zum Lachen; ich wusste, dass die Realität alles andere als lustig war. Ja, es tat mir sogar weh zu hören, dass nun selbst die Fachfrau, die Psychologin, deren Job es darstellte Menschen mit Problemen zu helfen, feststellte, dass mir nicht zu helfen sei. Doch diesen Schmerz ließ ich mir nicht anmerken. Ich versteckte meine Verzweiflung hinter einem Schutzschild aus Humor und Sarkasmus.

Sowohl für mich, als auch für Frau Hagen wurde die Luft dünner. Die Wörter zwischen den Zeilen, die, die sich keiner von uns auszusprechen getraute, signalisierten nämlich, dass wir vor einem gewaltigen Problem standen. Wir steckten beide in einer Sackgasse fest. Ich befand mich an einem Abgrund, mit dem Rücken zur Wand und kurz davor zu springen und Frau Hagen hatte eine Pistole am Kopf.

Heute verstehe ich, wie gefährlich diese Lage für sie war und weshalb sie nervös wurde und auf eine eindeutige Aussage von mir drängte, doch damals konnte ich noch nicht so weit denken. Ich sah nur meine bescheidene Lage und schaffte es nicht nachzuvollziehen, dass ich damit auch andere Personen in eine kritische Position brachte. In Deutschland ist es Gesetz, dass Straftaten angezeigt werden müssen. Das heißt, wenn man zusieht, dass einer Frau, einem Kind oder einem Mann Gewalt angetan wird und man Zeuge davon wird, ist man dazu verpflichtet dies zu melden. Allerdings besitzen Priester, Seelsorger, Ärzte und Psychologen eine Schweigepflicht. Diese gilt auch bei Minderjährigen; soweit man davon ausgehen kann, dass der Betroffene aktuell Herr seiner Sinne ist. Diese Schweigepflicht darf ausschließlich gebrochen werden, wenn Gefahr für Leib und Leben der Person oder eines anderen Menschen besteht. Klartext: Geschwiegen werden darf nicht, wenn die körperliche und geistige Unversehrtheit der betroffenen Person oder einer dritten Person in Gefahr ist. Sprich in meinem Fall gestaltete sich der Sachverhalt grenzwertig. Frau Hagen besaß den starken Verdacht, dass meine ständigen blauen Flecken nicht davon herrührten, von der Treppe zu stürzen, gegen Türrahmen zu laufen, gegen Wände zu schlagen oder sonstige Unfällen und tollpatschigen Aktionen, die ich mir ausdachte, stammten, sondern sie stellte die Mutmaßung auf, dass mir weiterhin Gewalt angetan wurde. Jedoch hatte sie hierfür keinerlei Beweise. Und dass ich den Mund aufmachte und reden würde, wenn sie die Polizei einschaltete, blieb ebenfalls äußerst unwahrscheinlich. Was also tun? Abwarten, hoffen, dass ich irgendwann das Vertrauen und den Mut finde, mich zu öffnen oder die Polizei einweihen und damit vermutlich dafür sorgen, dass das hauchdünne Vertrauensband zwischen mir und ihr komplett zerriss? Außerdem wäre bei solch einer Aktion immer noch die Gefahr, dass ich zu einer Kurzschlusshandlung neigte. Ich bin mir sicher, dass Frau Hagen genauso gut wie ich wusste, dass ich aus dem Fenster springen würde, wenn plötzlich die Polizei den Raum betrat und mich auf Cedric ansprach. Sobald jemand dem Geheimnis zu nahekam, setzte meine Denken aus und Panik regierte in meinem Kopf. Aber Schweigen und nichts Tun gestaltete sich ebenfalls gefährlich. Würde mir etwas passieren, Cedric mich ein weiteres Mal so schwer verletzen, dass ich ins Krankenhaus müsste oder ich mir selbst etwas antun, wäre sie mitschuldig. Schließlich hatte sie ja bereits seit Längerem den Verdacht, dass ich ein Problem hatte und nichts dagegen unternommen. Im Ernstfall könnte sie somit mitverantwortlich gemacht werden. Wobei die gesetzlichen Folgen vermutlich harmloser wären, als im Gegenzug zu ihren persönlichen Schuldgefühlen.

Damals konnte ich überhaupt nicht nachvollziehen, in welche Zwickmühle ich manche Menschen brachte, die im engeren Kontakt mit mir standen. Diese Erkenntnis, wie bescheiden sie sich gefühlt haben müssen, kam erst Jahre später. Leider. Oder vielleicht auch zum Glück. Denn hätte ich damals gesehen, wie sehr ich auch andere mit meinem Verhalten in Gefahr brachte und wie stark sie mein Schweigen belastete, hätte ich vermutlich nicht die Kraft besessen durchzuhalten. Ich hätte mein Leben beendet, um dieses Problem – mich! – zu beseitigen. Ich wollte niemandem zur Last fallen. Doch heute bin ich mir sicher, dass ich meinen Eltern, Lehrern und Frau Hagen jede Menge schlaflose Nächte beschert habe. Sie taten zwar weitestgehend so, als wenn ihnen mein Verhalten gleichgültig sei, aber ich denke in Wirklichkeit war es ihnen nicht egal, sondern sie fühlten sich überfordert und wussten mit mir nicht umzugehen. Und Probleme, die man nicht lösen kann, denen geht man am besten aus dem Weg, und hofft, dass irgendjemand vorbeikommt, der dazu in der Lage ist das Problem zu lösen. So ist es doch oft im Leben: Man sieht etwas, man weiß, dass dort Hilfe benötigt wird, traut sich jedoch nicht, hinzugehen und etwas zu unternehmen. Zu groß ist die Furcht etwas falsch zu machen, plötzlich mit in das dunkle Loch nach unten gezogen zu werden oder sich selbst in Gefahr zu bringen. Stattdessen schaut man lieber demonstrativ in die entgegengesetzte Richtung, läuft dran vorbei und denkt sich: „Oje, hoffentlich kommt bald jemand, der sich besser auskennt und der Person helfen kann." Jeder tut, als wenn er das Problem nicht sehen würde, aber wenn es dann heißt: „Hast du gehört, da war dies und jenes", dann hat das natürlich jeder schon lange geahnt und hätte man es früher gewusst, dass dort niemand eingreift, dann hätte man selbstverständlich auch selbst etwas unternommen, um die Person zu retten.

9. Kapitel - Ferien der Hölle

Mein Geburtstag kam und zog an mir vorbei. Das Schuljahr neigte sich dem Ende. Die Lehrer erzählten uns mittlerweile fast täglich etwas von Zukunft und wie wichtig gute Noten in der Schule seien. Wir würden jetzt einen bedeutenden Grundstein für unser späteres Leben legen. Das nächste Schuljahr wäre das Vorletzte auf der Realschule. Mit dem Zeugnis müssten wir uns bewerben. Dementsprechend wäre es noch wichtiger, pünktlich zum Unterricht zu erscheinen, wenige Fehltage zu haben und für Klausuren mehr zu lernen, als bereits jetzt schon. Doch diese Worte kamen bei mir nicht an. Meine Versetzung war gefährdet. Meine Noten fielen so schlecht wie noch nie aus und zudem besaß ich zahlreiche Fehlstunden. Aber das interessierte mich nicht. Mir war es egal, was die Lehrer und meine Eltern über meine Zukunft erzählten. Ich hatte sowieso keine Zukunft. Gute Noten könnten daran nichts ändern. Genauso wie Cedrics Schläge und Drohungen nichts daran ändern konnten. Es ging ihm gegen den Strich, dass meine schulischen Leistungen litten, ich schwänzte und auch sonst nicht funktionierte, wie ich sollte. Er verlangte, dass ich mich zusammenreißen solle, doch ich konnte nicht. Ich tat schon mein Möglichstes, mehr Leistung schaffte ich nicht. Doch anscheinend schien das niemand zu sehen. Ständig hieß es „lass dich nicht so hängen", „reiß dich zusammen" und „du musst dich anstrengen, dann wirst du das Klassenziel noch erreichen". Speziell wegen mir wurde sogar eine Lehrerkonferenz einberufen, in der besprochen wurde, ob ich eventuell aus pädagogischen Gründen versetzt werden sollte.

Schließlich würde es nicht an meiner mangelnden Intelligenz liegen, dass meine Noten abgesackt seien, sondern an anderen Gründen.

Vier Wochen vor der Zeugnisausgabe hatten meine Eltern, meine Klassenlehrerin und ich deswegen ein Gespräch bei dem Schuldirektor, um das Ergebnis dieser Konferenz zu besprechen. Ich wusste nicht, was ich von dem Angebot der Lehrer halten sollte. Das Schuljahr zu wiederholen wäre ein Tiefschlag für mich. Die ehemals Klassenbeste dreht eine Ehrenrunde; damit wäre ich das Gespött der gesamten Schule. Aber war ich das nicht auch jetzt schon? Andererseits fühlte es sich für mich an, als wäre ich das letzte Halbjahr gar nicht in der Schule gewesen. Ich wusste überhaupt nicht, welche Themen wir durchgenommen hatten. Das aufzuholen war fast schon ein Ding der Unmöglichkeit. Ich hätte kaum eine Chance, das Verpasste in den sechs Wochen Ferien nachzuholen.

Während des Gespräches hatte ich die gesamte Dauer über ein mulmiges Gefühl. Es fühlte sich seltsam an zu hören, wie andere über mich diskutieren, für und gegen mich argumentieren und was sie aus meinem Verhalten lasen. Sie hatten keinerlei Ahnung, was in mir ablief! Für sie war ich eine kleine Rebellin, die aktuell etwas vom Weg abgekommen schien und der man wieder auf den rechten Weg helfen musste. Was für ein Schwachsinn! Lächerlich. Ich wünschte, ich hätte solch harmlose Probleme!

Am Ende einigten sich meine Lehrer, der Rektor und meine Eltern darauf, dass ich in den Ferien Nachhilfeunterricht nahm, um den Schulstoff aufzuarbeiten. Zu Schuljahresbeginn würde ich trotz meiner mangelhaften Leistungen in die neunte Klasse dürfen. Das hieß: Ich wurde vorerst versetzt. Aber unter den Bedingungen, dass ich regelmäßig ganze Tage im Unterricht blieb und bis zum Halbjahr wieder konstante Leistungen ablieferte. Wäre mein Zustand bis dahin nicht stabil, würde ich nach Ausgabe des Halbjahreszeugnisses eine Klasse zurückgestuft werden.

Ich nickte dieses Angebot ab und schwor, mich anzustrengen. Doch in Gedanken war ich mir bereits jetzt schon klar darüber, dass ich das Versprechen brechen würde … Allerdings konnte ich das aktuell noch nicht laut kundtun. Schließlich wollte ich keine Illusionen zerstören. Sollten die Erwachsenen im Raum ruhig hoffen, dass bald alles wieder gut sein wird.

Die Ferien begannen. Sechs Wochen in denen bei meinen Mitschülern Freibad, Spaß, Entspannung und Party auf dem Plan standen und bei mir Nachhilfe, Treffen mit Cedric und horizontales Gewerbe, wie es manche Leute nannten, um es nett klingen zu lassen.

Die erste Woche lief noch halbwegs o. k.

Montags bis donnerstags nahm ich vormittags an dem abgesprochenen Nachhilfeunterricht teil und versuchte mich dort ernsthaft zu konzentrieren und den Schulstoff nachzuarbeiten. Zeitweise kam bei mir sogar wieder etwas Spaß am Lernen auf! Ich schöpfte neue Hoffnung, neuen Willen und neuen Mut, dass mein Leben doch noch nicht verloren sei. Doch dieses positive Gefühl wurde mir bereits am ersten Wochenende wieder genommen. Am Freitagabend stand für mich nach einem größeren Abstand nämlich ein erneutes Gruppenritual auf dem Plan. Ein entscheidendes Ritual. Ein Ritual, das mich in vielerlei Hinsicht zeichnen und prägen sollte.

Cedric holte mich nachmittags wie immer am Festplatz ab. Ich stand pünktlich bereit und stieg nach einer kurzen Begrüßung auf der Rückbank ein. Ich konnte nicht genau benennen wieso, doch heute fühlte es sich anders – seltsam – an, in dem Auto zu liegen. Eigentlich hatte ich mir schon länger abgewöhnt, Gedanken darüber zu machen, ob es richtig oder falsch war zu den vereinbarten Treffen zu erscheinen, doch heute fühlte es sich absolut fehlerhaft an. Mein Bauchgefühl schien mich vor irgendetwas warnen zu wollen. Es war unheimlich.

Ich versuchte, ruhig unter der Decke zu atmen. Die Fahrt war bereits zu weit, als dass wir zu Manni oder dem Anglerheim fuhren, und zu kurvenarm um zu dem großen, alten Haus zu gelangen. Ich hatte keine Ahnung, wohin der Weg ging. Ich kannte die Strecke nicht.

Das Auto wurde langsamer, der Motor gestoppt und die Handbremse angezogen. Ich schloss meine Augen und lauschte. Cedric stieg aus und schlug die Tür zu. Ich hörte, wie sich seine Schritte entfernten. Kies knirschte unter den Schuhen.

Stille.

Mein Herzschlag beschleunigte sich. Mir war unwahrscheinlich heiß. Die Luft unter der dicken Wolldecke wurde stickig. Wo befand ich mich hier? Ich wagte es nicht, unter der Decke hervorzuschauen. Zu groß war meine Furcht, dass genau in diesem Moment Cedric zurückkommen könnte.

Ich spürte, wie sich Schweißperlen auf meinem Rücken, im Nacken und zwischen meiner Brust bildeten. Jeder Muskel war bis aufs Äußerste angespannt. Minuten vergingen, vielleicht waren es aber auch nur ein paar längere Sekunden. Zeit war in diesen Augenblicken für mich schwer einzuschätzen.

Die Schritte kamen zurück. Es schienen jetzt mehrere Personen zu sein. Die Autotür wurde aufgerissen und ich kauerte mich zusammen. Mit einem festen Ruck wurde die Decke von meinem Oberkörper gerissen.

„Steig aus!“

Ich tat wie mir befohlen. Mit unsicheren Bewegungen, jeden Moment mit einem Schlag oder Tritt rechnend, richtete ich mich auf und verließ das Auto. Wir befanden uns auf einer großen Wiese. Vor uns standen die Überreste eines alten Gebäudes, nur noch ein paar alte Grundmauern aus Steinen, ein großer Torbogen in der Mitte des Gemäuers und die hinteren Außenmauern waren zu erkennen. Der Rest glich einer Ruine. Efeupflanzen und anderes Unkraut hatten sich darin breitgemacht und an Steinwänden nach oben geschlängelt. Hinter diesen Mauerresten begann ein Hügel, der fast senkrecht anstieg. Obwohl er mit Gras bewachsen war, sah er unnatürlich aus. So als wenn er gezielt an diesem Platz aufgeschüttet worden wäre. In manchen Wäldern konnte man noch Bunkeranlagen oder ehemalige Waffendepots aus dem Zweiten Weltkrieg sehen. Diese waren ebenfalls oftmals mit Gras bepflanzt, um sich in der Umgebung zu tarnen. Genauso wirkte der Hügel. Allerdings konnte ich keinen Eingang entdecken. Ansonsten standen zu meiner linken Seite, einige hundert Meter von uns entfernt, ein paar Bäume und ein großer Holzschuppen und auf der anderen Seite konnte ich eine Art breiten Kiesweg, vielleicht ein Fahrweg, erahnen. Innerhalb dieser kurzen Zeit schaffte ich es aber nicht, mehr von meiner Umgebung aufzunehmen.

Circa zwei Meter vor mir standen Cedric und ein mir unbekannter Mann. Ein recht junger Mann, der nach teurem Parfüm duftete und teuer aussehende Kleidung trug. Ein weißes Hemd, eine Jeans, einen ledernen Gürtel. Seine blonden Haare waren gradlinig nach hinten gekämmt und mit viel Gel befestigt. Er sah anders aus, als die gewöhnlichen Freier. Sehr gepflegt, recht jung und gut aussehend. Außerdem wirkte er unsicher. Er schien sich in seiner Haut aktuell nicht wohlzufühlen.

„Binde ihr die Augen zu und dann führe sie in den Warteraum!"

Cedrics Befehl ließ sowohl den unbekannten Mann als auch mich zusammenzucken. „Und beeil dich. Die Hohen Priester warten nicht gerne!"

Der Unbekannte zog ein dunkles Tuch aus einer seiner Hosentaschen und kam auf mich zu. Ich blieb regungslos stehen. Er legte das Tuch über meine Augen, stellte sich hinter mich und band es zu. Ich spürte, wie seine Finger dabei zitterten.

„Nicht so zimperlich!", meckerte Cedric ihn an. „Die geht nicht kaputt, wenn du sie härter anfasst."

„Ist o. k.", hörte ich den Unbekannten nuscheln.

Wieso zeigte er sich so unsicher? Wo war ich hier? Was würde gleich passieren?

Der Unbekannte fasste mich an der Schulter. Seine Hand fühlte sich kühl an und sein Griff locker.

Vorsichtig setzte ich einen Fuß vor den anderen. Ich konnte nicht sehen, wohin der Weg führte.

„Jetzt mach mal Tempo!“, hörte ich Cedrics verärgerte Stimme hinter mir.

Der Griff auf meiner Schulter wurde fester und der Druck in Richtung nach vorne erhöht.

Ich versuchte, mich schneller zu bewegen, doch meine Angst zu fallen, hemmte mich.

„Mann, alles muss man selbst machen!“

Cedrics Wut erschreckte mich. Ich spürte einen Schlag oder einen Tritt im Rücken, die Hand auf meiner Schulter entfernte sich und eine andere Hand griff zu. Es war Cedrics Hand. Ich erkannte es sofort. Die Fingernägel, die sich durch die Kleidung in meine Haut bohrten und der feste, schmerzhafte Griff. Mit energischem Druck schob er mich den Kiesweg entlang, auf dem er sein Auto geparkt hatte. Blind stolperte ich vor mich hin. Dann bog er mit mir um eine Ecke, ging ein paar weitere Schritte und blieb stehen. Ich blieb ebenfalls stehen. Er stieß mich von hinten. Ich konnte mich nicht mehr fangen und stürzte zu Boden. Schmerzhaft knallte ich mit meinen Knien auf Steinboden auf. Mit meinen Händen schlug ich gegen eine Wand, die sich offensichtlich vor mir befand.

„So macht man das!“, triumphierte er stolz.

Meine Knie brannten. Tränen sammelten sich in meinen Augen. Keine Tränen des Schmerzes; die aufgeschürften Knie waren aushaltbar, sondern Tränen der Hilflosigkeit.

„Zieh ihr das an und gebe ihr das zu trinken! Ich hole euch gleich!“

Ich hörte, wie er sich entfernte.

Vorsichtig versuchte ich, Halt an der Wand vor mir zu finden. Durch die verbundenen Augen besaß ich keinerlei Orientierung.

„Warte ich helfe dir.“

Der Unbekannte klang freundlich. Vollkommen anders als gewöhnliche Freier. Seine Hand fixierte meinen Arm. Er half mir auf die Beine.

„Hast du dir wehgetan?“

Ich schüttelte zögerlich den Kopf. Das zuvorkommende Verhalten irritierte mich. Es fühlte sich falsch an.

„Zieh dich aus.“

Etwas unbeholfen begann ich, mir meine Kleidung vom Leib zu streifen. Als der Unbekannte merkte, dass ich alleine zu lange brauchte, half er mir. Seine Berührungen fühlten sich zärtlich und sanft an. Mein Puls beschleunigte sich. Mit Schlägen, Tritten und Erniedrigungen konnte ich umgehen. Daran hatte ich mich mittlerweile gewöhnt, aber solch ein Verhalten kannte ich nicht. Ich wusste nicht, wie ich darauf reagieren sollte. In meinem Kopf kreisten unendlich viele Gedanken.

„Es ist nicht so, dass ich darauf stehe …“, begann er kleinlaut zu erzählen. „Ich bin durch meinen Vater hierein gerutscht. Ich will das alles gar nicht, aber ich habe keine andere Wahl. Er ist einer der Hohen Priester. Es tut mir weh zu sehen, was euch Mädchen angetan wird. Ihr solltet das nicht erleben.“

Ohne dass ich etwas sehen konnte, wusste ich genau, welches Kleidungsstück er mir über den Kopf zog. Es war ein weißes Kleid, das aussah wie ein altmodisches Nachthemd. Der Stoff roch modrig.

Er half mir, mich auf den Boden zu setzen, und gab mir ein Glas in die Hand. Ich wusste, was ich zu tun hatte. Inzwischen waren die Abläufe für mich zur Routine geworden. Ich wagte es nicht mehr, dagegen anzukämpfen, ich hatte sowieso keine Chance. Ich führte das Glas zu meinen Lippen und leerte es. Dieses Mal schmeckte die Flüssigkeit nicht nach gewöhnlichem Wasser. Es roch zwar neutral, doch der Geschmack war bitter. Ich verzog das Gesicht.

Kurz nach der Einnahme spürte ich die ersten Wirkungen. Ich wurde schläfrig und es fiel mir schwer aufrecht an der Wand sitzen zu bleiben. Mit dem Rücken lehnte ich an einer rauen Steinwand und ich wusste, dass diese Wand eigentlich nicht nachgeben konnte, doch es fühlte sich für mich so an. Es kam mir vor, als würden die Steine langsam nach hinten wegrutschen. Ich wusste nicht mehr, ob ich gerade saß, meine Beine wegrutschten oder ich seitlich zu Boden sank. Es war seltsam.

Der Unbekannte nahm mir die Augenbinde ab. Ich lag seitlich auf dem Boden. Es dauerte ein paar Sekunden, bis ich realisierte, dass ich es war, die seitlich zu Boden gesunken war, und nicht der Raum gekippt war. Ich verlor die Orientierung zwischen unten und oben. Die Rauminnenwände um mich herum drehten sich, Gegenstände kamen auf mich zu und flogen wieder von mir weg. Ich stöhnte leise. Die Wirkung der Flüssigkeit haute mich wortwörtlich um. An einer seitlichen Wand stand der Unbekannte. Hinter ihm schwebte ein alter Kerzenhalter mit brennenden Kerzen. Es war düster. Die Steine aus den Mauern bewegten sich. Die Holztür am Ende des Raumes hing an der Decke. An der anderen Seite des Zimmers stand ein großer Schrank, daneben lag eine nicht bezogene Matratze und von den Wänden hangen Ketten aus Metall. Ich schloss meine Augen in der Hoffnung, dass das Mauerwerk und die Gegenstände dadurch endlich aufhörten sich, zu bewegen. Doch ich kam nicht zur Ruhe. Kaum hatte ich die Augen geschlossen, wurde die Holztür am Ende des Raumes aufgerissen. Ein helles Licht drang herein. Ein ungewöhnliches helles Licht, das mich blendete. Ich kniff meine Augen zusammen, um besser zu sehen. Das Licht hob mich vom Boden hoch. Nein, nicht das Licht, ein Mensch in Kapuzengewand, aber das nahm ich unter dem Einfluss der Medikamente erst verzögert wahr.

Stimmen sprachen. Ich verstand sie nicht. Ich wurde nach draußen getragen. Den Kiesweg entlang. Der Weg führte bergab. In einem Kreis standen noch weitere Kapuzenmänner. Jemand trug mich in diesen Kreis und legte mich auf eine weiße Decke auf dem Boden ab. Meine Arme wurden gefesselt. Die Männer hielten still. Ihre Kapuzen standen senkrecht nach oben. Ich lag nicht mehr in einem Gebäude. Über mir konnte ich den dunkler werdenden Himmel erkennen. Aber trotzdem gab es Wände um uns herum. Hohe Steinwände. Felsen. Und über diesen Felsen wuchsen Bäume. Es fiel mir schwer, meine Wahrnehmungen zu sortieren und daraus sinnvolle Gedanken entstehen zu lassen. Im Nachhinein würde ich sagen, dass ich mich an einem steinbruchähnlichen Ort befand. Ob hier an anderen Tagen, um andere Uhrzeiten tatsächlich Steine aus den Felswänden gebrochen wurden, weiß ich nicht. Das Gelände sah sehr verlassen aus. Vielleicht vor ein paar Jahren. Wobei dieser Ort für einen gewerblichen Steinbruch relativ klein gewesen wäre. Die Fläche war nicht gigantisch groß, sondern sogar etwas kleiner wie ein Fußballfeld. Markant waren die zwischen schätzungsweise acht bis zehn Meter hohen

Felswände an fast allen Seiten. Ausschließlich auf der Seite, an der sich der Zugang über den Kiesweg befand, waren die Wände stark abgeflacht. Des Weiteren wirkte die „Schlucht“ in meiner Erinnerung ziemlich rund. Es war kein Quadrat oder Rechteck, es gab keine Ecken, sondern alles war abgerundet. Ob diese Wahrnehmung durch die Medikamente kam, oder ob die Wände tatsächlich so bearbeitet waren, dass eine Kreisform entstand, kann ich jedoch nicht eindeutig sagen.

Kerzen wurden aufgestellt und durch die Reihen gereicht. Das flackernde Licht wirkte magisch. Das mir bekannte Summen setzte ein. Der Kreis der Männer um mich herum öffnete sich. Ein Kapuzenmann trat in den Kreis. Auf seinen Armen trug er ein weiß gekleidetes Mädchen. Das Summen verstärkte sich. Meine Erinnerung weißt Lücken auf. Die Medikamente machten seltsame Dinge mit mir. Er legte das Mädchen einige Meter von mir entfernt auf den Steinboden. Es bewegte sich nicht. Sie schien zu schlafen. Sie war ca. acht bis zehn Jahre jung, besaß zarte Gesichtszüge, rote Lippen, blonde, leicht gelockte Haare. Ihre Haut war blass. Immer wieder sehe ich ihr Gesicht in meinen Albträumen. Was mit ihr geschah? Ich weiß es nicht. Nicht genau. Oder vielleicht will ich es auch nicht mehr wissen. Ich weiß, dass eine der Kapuzenmänner zu mir kam und mich festhielt. Er drehte meinen Kopf so, dass ich das Mädchen sehen konnte. Es lag regungslos da. Ihre Haut sah aus wie die von Schneewittchen. So weiß, so unberührt. Ein großer Mann trat hervor und zog seine Kapuze vom Kopf. Es war der Mann, der die Maske mit den Hörnern und dem schafsähnlichen Gesicht trug. Er beugte sich über sie, zog ihr Kleid nach oben und fiel über sie her. Ich versuchte zu schreien und mich zu wehren. Doch der Mann, der mich festhielt, hinderte mich daran. Ich konnte nicht mit ansehen, was mit ihr gemacht wurde. Diese Tat zu sehen tat mir mehr weh, als selbst vergewaltigt zu werden. Es war grausam. Tränen rollten über meine Wangen. Die Welt stand in diesem Augenblick still. Ich kämpfte gegen das Ungeheuer, das mich festhielt an. Ich wollte dem kleinen Mädchen helfen. Sie sollte nicht dasselbe erleben, wie ich. Doch meine Befreiungsversuche blieben vergeblich. Meine Bewegungen waren zu unkoordiniert, zu halbherzig, die Wirkung der Flüssigkeit, die ich zuvor trinken musste, machte meinen Körper schlapp. Meine Arme und Beine gehorchten mir nicht.

Das weiße Kleid färbte sich zwischen ihren Oberschenkeln rot. Ihr Körper blieb weiterhin regungslos. Diese Bilder brannten sich in meinem Kopf ein. Ich fühlte mich hilflos, hintergangen und verzweifelt. Es brach mir das Herz.

Der Mann mit der Maske ließ von dem Mädchen ab. Ich hatte sie nicht retten können. Ich hörte auf, mich gegen die Person, die mich festhielt, zu wehren. All meine Bemühungen waren vergebens. Ich hatte versagt. Ich war zu schwach … Erschöpft und zerstört brach etwas in mir zusammen.

Der Gesang der Männer hörte sich an wie Jubel. Ein anderes Kapuzenmonster trat zu dem leblosen kleinen Mädchen heran. Er gab dem Maskenmann einen Gegenstand in die Hand. Ich schloss meine Augen. Ich wollte nicht mehr sehen, was noch passierte. Es hatten sich bereits zu viele Erinnerungen in meinem Gedächtnis eingebrannt. Erinnerungen, über die ich jahrelang nicht würde reden können. Von denen ich gar nicht wissen will, ob sie wahr sind. Von denen ich aber gleichzeitig hoffte, dass irgendwann irgendjemand zu mir kommt, und mir sagt, dass es dem Mädchen gut geht und dass sie lebt. Denn die nachfolgenden Bilder in meinem Kopf sind zu grausam. Viel zu grausam, als dass sie wahr sein dürften! Es war so viel Blut auf dem Kleid. Der Maskenmann hielt ein scharfes Messer in der Hand und fuhr damit über die Haut des Mädchens.

Mir wird übel. So übel wie damals auch. Obwohl ich nicht mehr hinschauen und meine Augen geschlossen halten wollte, musste ich trotzdem größtenteils zusehen. Ich musste sehen was passiert. Ich konnte nicht wegschauen. Als ich das viele Blut sah, musste ich mich übergeben. Der Schmerz des Mädchens war auch mein Schmerz …

Im Anschluss fiel der Kapuzenmann mit der Maske und einer seiner Untertanen über mich her. Niemand musste mich dabei mehr festhalten. Ich wehrte mich nicht. Ich blieb liegen wie tot und so fühlte ich mich auch. Ich konnte und wollte nicht glauben, was ich gesehen hatte. Ich stand unter Schock.

Sie seufzte erneut.

„Ich mache dir ein Angebot: Ich gehe mit dir zu deinen Eltern und rede mit ihnen. Ich bin mir sicher, dass sie dir nicht den Kontakt zu Susan verbieten werden."

Demonstrativ ließ ich meine Mundwinkel nach unten hängen und schmollte. Ich hatte keinen Bedarf mehr darüber zu diskutieren. Alex wollte mich nicht verstehen.

Wieso ich so eine Abneigung gegen meine Eltern hatte? Weil sie zu viel fragten und sich zu sehr in mein Leben einmischten. Ja, sicherlich, sie versuchten mir nur zu helfen, aber ich wollte mir nicht helfen lassen. Zumindest nicht so. Ich war noch nicht dazu bereit, über alles zu reden. Ich steckte noch zu sehr in meiner Angst und den Selbstzweifeln fest. Ihre Hilfsangebote klangen für mich wie Vorwürfe, ihr Versuch mich auf den rechten Weg zurückzubringen, fühlte sich für mich an wie ein Zwang. Jeder Gesprächsversuch endete mit Geschrei. Es war, als wenn wir nicht mehr die selbst Sprache sprachen. Ich konnte ihre Nähe nicht ertragen.

Alex brachte mich bis zur Haustür. Ich klingelte und mein Vater öffnete die Tür. Ohne ihn eines Blickes zu würdigen, verschwand ich ins Bad und schloss hinter mir ab. Ich hörte, wie er nach meiner Mutter rief. Ich streifte mir meine Klamotten vom Körper und stieg unter die Dusche. Für Außenstehende musste dieses Verhalten von mir suspekt und unnatürlich wirken, doch für mich war es notwendig. Die Dusche war der einzige Ort, an dem ich weinen konnte, ohne dass es jemand sah. Das fließende Wasser aus dem Duschkopf mischte sich mit meinen Tränen und spülte sie mitsamt dem

Schmutz und dem angetrockneten Blut auf meiner Haut in die Kanalisation. Dorthin, wo sie niemand sehen konnte.

In meinen Gedanken tauchten dutzende Bilder und Wortfetzen auf. Das Gedankenkarussell drehte sich. Es nahm Fahrt auf. Ich hasste mich und ich hasste mein Leben. Was war an meinem Leben noch lebenswert? Ich war müde. Müde vom Kämpfen, vom Denken, vom Atmen, vom Durchhalten. Mein Vater klopfte an die Tür. Ich drehte den Wasserdruck etwas herunter, um ihn verstehen zu können.

„Mach die Tür auf! Ich weiß, dass du nicht duschen bist!"

Ich ließ das Wasser über mein Gesicht laufen. Ach ja, was sollte ich denn sonst im Bad machen?

„Klaus, lass sie, sie wird nach dem Duschen rauskommen", hörte ich die Stimme meiner Mutter.

„Nein! Du glaubst ja wohl nicht im Ernst, dass sie vom Pferd fliegt, nach Hause kommt, und das Erste, was sie macht, ist unter die Dusche zu springen?"

„Ja, ich weiß, sie verhält sich seltsam …"

„Seltsam? Sie ist krank!"

Schluchzen.

„Lucy, dein Vater meint das nicht so …"

„Und ob ich das so meine!"

Weiteres Türklopfen.

„Glaube ja nicht, dass du mir so leicht davonkommst! Sobald du aus dem Bad draußen bist, reden wir. SO kann es definitiv nicht weitergehen!"

Ich drehte das Wasser erneut voll auf. Ich wollte meine Eltern nicht länger hören. Sie stritten. Wegen mir. Mal wieder. Meine Mutter weinte und mein Vater schrie. Ich hielt die Luft an und ließ das Wasser ein weiteres Mal über mein Gesicht und meine Ohren laufen. Das Geräusch der Dusche dämmte ihre Worte etwas ab.

Mein Vater hatte recht. SO konnte es nicht mehr weitergehen. Ich musste etwas verändern. Zum Ändern der Situation fehlte mir jedoch die Kraft. Alex hatte es richtig ausgedrückt. Ich konnte nicht davonlaufen. Fliehen war unmöglich. Alles, was ich erlebt hatte und aktuell noch durchlebte, klebte wie ein Schatten an mir. Wie ein Dämon, der alles Glück zerstörte. Und dieser Dämon gewann von Tag zu Tag mehr Kraft. Längst kontrollierte er nicht mehr ausschließlich mein Leben, sondern er trat auf andere über. Ich zerstörte nicht nur mich selbst, sondern mittlerweile auch andere. Ich musste diesen Dämon aufhalten! Ihn töten.

Die gesamte Zeit über hatte ich versucht, es von mir wegzuschieben, es zu verdrängen, es einzusperren oder aus mir herauszuschneiden, doch das funktionierte nicht. Ich kann es nicht zerstören, denn es ist ein Teil von mir. Alles, was aktuell passierte, würde erst dann ein Ende finden, wenn ich weg war. Weg von dieser Welt. Meine selbstvernichtenden Gedanken entwickelten eine ungeheure Kraft. Ich fühlte mich für alles Leid in meinem Umfeld verantwortlich. Ich sah mich als Problem an. Wenn man tagtäglich immer nur kämpft, ohne Pause, dann gehen jedem Menschen irgendwann die Kraft und die Hoffnung aus. Mir kam mein Leben vor wie ein Laufband, von dem ich nicht herunterkonnte. Am Ende des Laufbandes wartete eine positive, ruhige, glückliche Zukunft auf mich. Doch je schneller ich lief, je mehr ich mich anstrengte dorthin zu kommen, desto mehr beschleunigte das Laufband. Ich hatte keine Chance jemals dort anzukommen. Wie ein Hamster im Hamsterrad trat ich auf ein und derselben Stelle. Während alle meine Mitmenschen genaue Pläne von ihrem Leben hatten, Ziele, einen festen Alltag, irrte ich in einem schwarzen Loch herum und fand nicht einmal ansatzweise überhaupt einen Weg. Ich konnte diese Leere in mir nicht mehr aushalten. Sie erdrückte mich.

Wie in Trance schaltete ich die Dusche aus. Das Wasser hatte meine Emotionen weggespült. Mein Blick war starr und meine Bewegungen zielgerichtet. Ich griff nach dem großen Badehandtuch und wickelte es um meinen Körper. Anschließend lief ich zum Badschrank. Ohne mit der Wimper zu zucken, suche ich nach den Ersatzrasierklingen für den Rasierer meines Vaters. Nachdem rauskam, dass ich mich selbstverletzte, waren sie in einer Box mit verschiedenen Pinzetten und Nagelscheren auf dem Boden versteckt. Ich zog eine der Rasierklingen aus der Plastikverpackung. Sie war noch in einem Extrapapier eingepackt, auf dem der Name der Marke stand. Aus Erfahrung wusste ich, dass diese Marke besonders scharfe Klingen herstellte. Ich zitterte nicht und ich hatte auch keine Angst. Für mich fühlte es sich nicht falsch an, was ich tat. Ich spürte vielmehr Vorfreude, eine gewisse positive Anspannung in mir. Ich war der Lösung für all meine Probleme, Ängste und Sorgen zum Greifen nahe. Endlich, nach all den Jahren wäre gleich alles vorbei.

Mit dem Rücken gegen die Wand gedrückt sank ich auf den mit weißen Fliesen gefliesten Badezimmerboden. Ich atmete tief durch. Meine Haare klebten nass auf dem Kopf. Die Feuchtigkeit erzeugte Kälte auf der Haut. Oder war es die

Atmosphäre, die die gesamte Umgebung eiskalt machte? Gänsehaut breitete sich über meine Arme und Beine aus und meine Nackenhaare stellten sich auf. Ich entfernte das schützende Papier vor der scharfen Klinge. Mit den Fingern der rechten Hand hielt ich das Stück Metall ins Licht. Es glänzte. Der Anblick solch scharfen Schneidematerials löste jedes Mal Herzklopfen mit mir aus. Der Gedanke daran, gleich Blut zu sehen, und meine Haut zu teilen, war nichts Ungewöhnliches oder Beängstigendes mehr für mich. Für mich gehörte das zum Alltag, zum Überleben. So wie andere abends zum Abschalten ein Glas Wein tranken, schnitt ich mir meine Arme und Beine auf. Nur selten realisierte ich noch, dass mein Verhalten eigentlich alles andere als normal und alltäglich war.

Mein Kopf war in diesem Augenblick wie leer gefegt. Es ist nicht untertrieben, wenn ich sage, mein Handeln beruhte auf einer Kurzschlussreaktion. Der Vergleich passt perfekt. Wie bei einem Stromkasten waren mein Gehirn, meine Gedanken und meine Gefühle, heiß gelaufen. Zu viele, zu lange, zu starke Belastungen sorgten dafür, dass zu viel Spannung und Hitze entstanden. Es entwickelte sich Rauch, die Sicherungen sprangen heraus und alle Systeme, die mit Strom versorgt werden mussten, stürzten gezwungenermaßen ab. Normalerweise besaß ich für solche Zwischenfälle ein Notstromaggregat, das wenigstens den Funktionieren-Modus aufrechterhalten konnte, doch heute schaffte ich es nicht ihn zu finden. Es war zu dunkel in meinen Gedanken, zu kalt und zu wenig Sprit im Tank, um den Motor zu starten. Ich streckte meine Beine aus, winkelte den linken Arm an und überstreckte das Handgelenk, sodass ich die blauen Adern, die dort verliefen, gut sehen konnte. Mein Herz hämmerte wie wild. Ich wusste, wenn ich jetzt die Klinge ansetzte, wäre das vielleicht mein letzter Schnitt. Ich führte die Rasierklinge in Richtung Handgelenk, schloss meine Augen und schnitt mir die Pulsadern am linken und anschließend am rechten Handgelenk auf.

Es tat nicht weh, es fühlte sich eher befreiend an, als das warme Blut über meine Haut floss.

Ich hielt die Rasierklinge weiterhin in der Hand und legte die Arme auf den Oberschenkeln ab. Ich fühlte mich zufrieden, fast entspannt. Ich lehnte meinen Kopf gegen die kalte Badezimmerwand. Das Handtuch färbte sich zunehmend rot und es bildete sich eine kleine Pfütze auf dem Boden. Ich wusste, jetzt wird alles gut. Die Welt hörte auf, sich für mich zu drehen. Eine angenehme Müdigkeit machte sich in meinem Körper breit. Bald würde ich einschlafen und hoffentlich nie mehr aufwachen. Ich schloss meine Augen. Mein Herzschlag beruhigte sich. Langsam sackte mein Körper in sich zusammen. Doch dann geschah etwas Seltsames. In meinen Gedanken begann sich ein Film zusammenzubasteln. Nach und nach tauchten verschiedene Episoden aus meinem Leben auf. Bilder, wo ich klein war, wo ich mit den Absatzschuhen meiner Mutter versuchte zu laufen wie eine Prinzessin, Bilder, wo ich lachte, wo ich mich freute, wo ich durch und durch glücklich war. Mir wurde schlagartig bewusst: Die letzten Wochen, Monate oder vielleicht auch Jahre meines Daseins waren bescheiden, düster, von Tränen, Trauer und Schmerz durchzogen, aber das war nicht mein gesamtes Leben. Da gab es noch etwas davor. Bevor ich Cedric kennenlernte. Damals war ich glücklich! Ich begann zu weinen. Plötzlich bereute ich den Entschluss, meinem Leben ein Ende zu setzen. Ich wollte nicht sterben, ich wollte leben! Ich wollte lachen, mich freuen, tanzen, singen, wieder Glück verspüren. Es konnte nicht wahr sein, dass es Cedric geschafft hatte mich umzubringen. Er hatte mich genau dorthin gebracht, wo er mich haben wollte. Ich war nicht mehr dazu in der Lage seinen Ansprüchen zu genügen, weigerte mich, ihm zu gehorchen, und widersetzte mich seinen Wünschen. Ich war ein verbrauchtes Produkt, das er nicht mehr gebrauchen konnte, deshalb sollte ich verschwinden. Er wollte, dass ich schwieg, dass ich nie über unser Geheimnis redete und was tat ich? Genau das! Ich gab auf. Ich schmiss mein Leben in die Mülltonne, stürzte ab und vergrub mich in den düsteren Gedanken. Ich gab ihm nicht nur die Macht mein Leben zu kontrollieren, ich gab ihm sogar die Macht es zu beenden … Dabei war es gar nicht mein Wunsch zu sterben, sondern mein Traum war es zu leben. Doch leider kam mir diese Einsicht zu spät. Mir drohte das Bewusstsein zu verlieren. In meinem Kopf bildete sich ein Nebel, der alles einhüllte. Es war zu spät noch etwas zu ändern. Ich bekam Angst.

Weit in der Ferne nahm ich Schläge gegen Holz wahr. Ich meinte zu sehen, wie mein Vater die Tür eintrat, aber ich kann es nicht genau bezeugen, denn mir gelang es nicht, meine Augen vollständig zu öffnen. Es wurde viel geschrien. Überall war Blut. Panische Gesichter. Helle Lichter. Tatütata. Zwischendurch Stille und Dunkelheit. Sterben fühlte sich merkwürdig an. Wenn ich in diesem Moment einen Wunsch frei gehabt hätte, dann hätte ich mir gewünscht, dass ich Cedric nie die Macht gegeben hätte, mir mein Lachen zu nehmen und mich dazu zu bringen mir die Pulsadern durchzuschneiden. Er hatte diesen Erfolg nicht verdient. Mein Tod war sein Sieg.

14. Kapitel - Zwischen Hoffnung und Verderben

Bin ich tot? Nein, ich schätze nicht. Tote können nämlich nicht denken, oder? Zaghaft öffnete ich meine Augen. Um mich herum war es hell. Ein Licht strahlte mir ins Gesicht und blendete mich. Es dauerte eine Weile, bis sich meine Augen an die Helligkeit gewöhnten und ich mich orientieren konnte. Ich war definitiv nicht tot. Meine Umgebung glich weder dem Himmel, noch der Hölle – ich befand mich in einem Krankenzimmer. Vier weiße Wände, eine Tür, der gegenüber ein Fenster, in der Mitte ein Bett, in dem ich lag. Ich hatte überlebt, der Teufel wollte mich noch nicht gehen lassen. Leider, oder glücklicherweise? Darüber konnte ich mir noch keine Gedanken machen. Ich drehte meinen Kopf nach rechts, zu der Tür hin. Mein Schädel schmerzte und mir war leicht übel. Über der Tür hing eine Wanduhr. Diese zeigte 5.45 Uhr. Morgens oder abends? Ich wusste es nicht und es war mir auch egal. Langsam probierte ich mich aufzurichten, aber mein Körper war zu schwach. Mir fehlte die Kraft. Ich versuchte es noch einmal, wieder vergeblich.

Um meine beiden Handgelenke war jeweils ein dicker Verband gewickelt und irgendjemand musste mir ein OP-Hemd angezogen haben. Es war weiß grau gemustert. Ich wollte hier weg. Ein drittes Mal versuchte ich aufzustehen, dieses Mal mit mehr Schwung. Doch bevor ich überhaupt in einer sitzenden Position Halt fand, sank ich wieder zurück in die Matratze. Relativ zeitgleich dazu wurde die Zimmertür geöffnet. Eine Krankenschwester kam herein. Mit einem freundlichen Lächeln begrüßte sie mich. „Na, bist du wieder wach? Das war eine ziemlich turbulente Nacht. Du hast deiner Familie einen ganz schönen Schrecken eingejagt." Ich antwortete ihr nicht. Ihr Lächeln und ihre freundliche Art machten mir Angst. So viel positive Stimmung konnte ich nicht ertragen. Außerdem brauchte ich noch ein bisschen, um zu sortieren, was überhaupt vorgefallen war. Die Krankenschwester maß meinen Blutdruck und Puls. Dabei quasselte sie ununterbrochen. Ich konnte sie schon nach fünf Sekunden nicht leiden, doch nach einer Minute wandelte sich das „nicht leiden können" bereits in „Hass". Sie schien nicht zu verstehen, wie ich mich fühlte. Sie erzählte wie schön das Leben sei, dass es traurig wäre, wenn ich den kommenden schönen Tag heute nicht erlebt hätte, dass jeder Mensch ab und zu traurig wäre, dass jeder Probleme hätte, aber dass solche Aktionen, wie ich sie gestern gezeigt hätte, keine Lösung seien. Ihr doofes Gequatsche verschlimmerte meine vorhandenen Kopfschmerzen noch weiter. Konnte sie nicht einfach still sein?

Bevor sie das Zimmer verließ, teilte sie mir mit, dass gleich der Oberarzt der Station kommen würde, um nach mir zu schauen. Wow, ich war noch keine halbe Stunde wieder unter den Lebenden und schon wünschte ich mir wieder – oder noch immer –, tot zu sein …

Der Oberarzt der Station stellte sich als ein alter Bekannter heraus. Es war derselbe Arzt, der mich bei meinem letzten „Unfall" behandelt hatte. Demzufolge befand ich mich im gleichen Krankenhaus auf derselben Station. Wie bei unserer ersten Begegnung trat er mir sehr skeptisch gegenüber. Sein Blick schien mich zu löchern. Er zog einen der Besucherstühle neben mein Bett und setzte sich darauf. Seine Stirn wies tiefe, nachdenkliche Falten auf.

„Wieso tust du so etwas?“

Ich zuckte mit den Achseln.

„Du weißt es nicht?“

Keine Reaktion von mir. Er kratzte sich am Kopf.

„Hattest du vor dich umbringen?“

Was sollten diese Fragen? Nein, ich wollte schauen, wie meine Pulsadern von innen ausschauen.

„Die Zunge hast du dir aber nicht abgeschnitten, oder?“

Probierte er mich zu provozieren? Auf diese Weise redete ich gewiss nicht mit ihm!

„Hör zu: Ich weiß, dass wir nie Freunde werden. Müssen wir auch nicht. Aber es erleichtert mir die Behandlung, wenn du mit mir sprichst. Ich will dir nur helfen. Du hast dir gestern Abend beide Pulsadern angeschnitten. Diagonal. Auf jeder Seite haben dich Ärzte mit jeweils mit sechs Stichen genäht. Du hast einiges an Blut verloren. So viel, dass du bewusstlos wurdest. Aber so schnell tötet dich ein diagonaler Schnitt nicht. Wenn man möchte, dass es schnell geht, schneidet man senkrecht. Und ich wage jetzt mal zu behaupten, dass du das weißt. Du hast bewusst die Klinge nicht vertikal über die Pulsadern gezogen. Also, was war deine Absicht?“ Er machte eine Pause beim Reden. Ich wandte mein Gesicht von ihm ab. Er sollte nicht die Tränen sehen, die sich in meinen Augen sammelten.

„Wolltest du dich umbringen oder war es ein Hilferuf? Ein Spiel? Findet mich jemand rechtzeitig und rettet mich oder ist der Tod schneller?“

Eine Träne rollte über meine Wange und eine weitere folgte ihr.

„Du bist verzweifelt."

Ganz zaghaft nickte ich.

„Und du hast keinen anderen Ausweg gesehen."

„Wenn sie die Antwort wissen, wieso fragen Sie dann?", schniefte ich.

„Weil ich dich verstehen möchte. Manchmal ist man so sehr zwischen Trauer und seinen Problemen eingequetscht, dass man den Überblick verliert. Man sieht keinen Ausgang mehr. Man konzentriert sich nur auf die Sackgassen im Leben und registriert die offenen Türen um einen herum gar nicht mehr. Aber das kann man mit Unterstützung von außen ändern." „Ich brauche keine Hilfe."

Ein kurzes, ironisches Lächeln huschte über das Gesicht des Arztes.

„Das sehe ich, dass du alleine zurechtkommst."

Ich begann noch heftiger zu weinen.

„Sie haben doch keine Ahnung. Sie wissen gar nicht, wie ich mich fühle."

„Nein, das weiß ich nicht, weil du es anscheinend auch niemanden erzählst. Aber ich weiß, dass du Hilfe brauchst, dass du heftige Probleme hast, die dich umbringen, wenn du nicht darüber sprichst!"

Ich zuckte mit den Achseln. Als der Arzt erneut ansetzte, und versuchte mir ins Gewissen zu reden, hielt ich mir die Ohren zu. Ich wollte seine Worte nicht hören. Sie taten mir weh, denn er hatte recht mit dem, was er sagte. Mein Schweigen brachte mich irgendwann, vermutlich schon in naher Zukunft um.

Doch reden war nicht einfacher. Denn reden tötete mich ebenfalls …

Mit Schwung schloss der Arzt die Tür hinter sich. Ich zog mir die Bettdecke über den Kopf. Wie ein Kleinkind, das sich vor den bösen Monstern unter dem Bett versteckte, kauerte ich mich zusammen. Allerdings verkroch ich mich nicht vor Ungeheuern unter dem Bett, sondern vor den Dämonen in meinem Kopf.

Fast eine Stunde lang blieb ich zusammengerollt liegen. Ob ich froh war, dass ich noch lebte? Ja und nein. Wie so oft kämpften zwei Stimmen in meinem Kopf miteinander. Ein Teil von mir bereute es, überlebt zu haben, und warf mir vor, dass ich selbst um einen Suizid zu begehen zu doof war, und der andere Teil zeigte sich froh darüber eine neue Chance zum Kämpfen bekommen zu haben. Welche Stimme lauter war und den Krieg in meinen Gedanken gewann, konnte ich noch nicht sagen. Sie schrien beide gleichlaut und ich wollte, dass sie beide aufhörten zu diskutieren. Wobei ich an dieser Stelle vielleicht mal wieder erwähnen sollte, dass ich nicht wirklich Stimmen höre. In meinem Kopf redet niemand mit mir, es waren nur meine Gedanken, die untereinander „diskutierten“. Ich bezeichne sie bloß gerne als „Stimmen“, da es dadurch leichter für mich wird sie zu ordnen und einzusortieren. Es ist ein Versuch von mir, mich selbst zu verstehen. Denn mit meiner chaotischen, paradoxen, ständig wechselnden Denkweise und Gefühlswelt, verwirrte ich nicht nur gerne andere Menschen, sondern auch mich selbst. Ja, ich gebe es zu, ich verstehe mich auch nicht!

Um 7.00 Uhr brachte die übermäßig gut gelaunte Krankenschwester mir ein mit Butter und Marmelade bestrichenes Brot ins Zimmer.

„Hier, dein Frühstück. Extra schon fertig. Das ist eine Sonderleistung des Hauses, da du aktuell keine scharfen Gegenstände haben darfst.“

Mit einem gespielten Lächeln schaute ich sie an und erwiderte: „Ich habe keinen Hunger. Außerdem: Haben Sie schon mal jemanden gesehen, der sich mit einem stumpfen Messer umbringt?“

Damit war das Gespräch beendet. Die Krankenschwester stellte den Teller ab und ging zum nächsten Zimmer weiter. Ich blieb regungslos liegen und starrte gegen die weiße Decke. Was hatte ich bloß getan? Wo sollte das noch enden? Konnte bitte jemand die Welt anhalten? Ich wollte gerne aussteigen. Das Drehbuch gefiel mir nicht.

Es klopfte an der Tür. Ich drehte den Kopf nach rechts. Dort standen meine Eltern. Beide sahen mitgenommen aus. Dunkle Augenringe und blasse Gesichtsfarbe zeichneten ihre Gesichter. Vermutlich hatten sie die Nacht nicht geschlafen. Meine Mutter fiel mir um den Hals.

„Du machst Sachen! Wir hatten solche Angst um dich!“

Und auch mein Vater schlang seine Arme um mich. Normalerweise umarmte er mich nie. Unsere Beziehung zueinander gestaltete sich eher distanziert. Ich spürte, wie seine Hände zitterten. Ich konnte mir nicht vorstellen, was sie die letzten Stunden durchgemacht hatte. Und ich wollte es auch ehrlich gesagt nicht. Ich hätte dieses Wissen nicht ertragen. Wir weinten alle drei.

„Es gibt doch immer eine Lösung, du kannst mit uns über alles reden, das weißt du doch!", schniefte mein Vater.

Sein Tonfall beinhaltete eine Mischung aus Verzweiflung und Vorwurf. Ich schüttelte den Kopf.

„Doch", entgegnete meine Mutter.

Obwohl ich weiterhin den Kopf nach rechts und links bewegte, kam es glücklicherweise nicht zu einer Diskussion.

Meine Eltern waren einfach froh, mich lebendig zu wissen, und wollten keinen Streit provozieren und mir fehlte der Wille, es ihnen zu erklären. Es gab Dinge, für die konnte man keine Worte finden, über die konnte/durfte man nicht reden. Des Weiteren hatten wir uns schon viel zu lange voneinander entfernt, als dass ich mit ihnen über meine Probleme und Sorgen reden würde. Wie lebten in zwei unterschiedlichen Welten. Wir befanden uns nicht mehr auf demselben Nenner.

Mein Vater bot an, einen Kaffee für meine Mutter und sich, und eine Cola für mich in der Krankenhauskantine zu besorgen. Währenddessen sortierte meine Mutter ein paar mitgebrachte Kleidungsstücke aus der Sporttasche in den Schrank ein und half mir, das OP-Hemd gegen eine Jogginghose und ein T-Shirt zu tauschen. Es war peinlich so viel Hilfe beim Umziehen zu benötigen. Doch ich war noch zu schwach, um es alleine zu bewältigen. Der Blutverlust machte meinem Körper, insbesondere dem Kreislauf zu schaffen.

„Bist du gestern wirklich vom Pferd gefallen?", fragte meine Mutter, als sie mir half das T-Shirt über den Rücken zu ziehen.

„Ja, was soll sonst passiert sein?"

„Ich weiß es nicht. Es steht da wieder so ein Verdacht im Raum …"

Mit ernster Miene schaute ich sie an und versuchte dabei meine Unsicherheit zu verbergen.

„Welcher Verdacht?“

„Na ja, … du weißt schon. Frau Hagen hat da ebenfalls etwas angedeutet und in der Schule haben die Lehrer davon geredet und wir haben da auch so ein Gefühl.“

Ich stellte mich doof. Wenn meine Mutter schon solche Andeutungen machen musste, dann sollte sie es wenigstens beim Namen nennen.

„Wir hatten gestern Abend noch ein Arztgespräch. Der Arzt hat uns empfohlen noch mal mit dir über das Thema einer möglichen Vergewaltigung zu reden.“

Wütend funkelte ich sie an.

„Ja, ich weiß, bei der letzten gynäkologischen Untersuchung kam kein Ergebnis heraus … und vielleicht ist der Vorfall auch schon länger her … Aber irgendetwas stimmt bei dir doch nicht! Die vielen Blutergüsse, dein abblockendes Verhalten, dein Selbsthass …“

Ich erkannte, wie sich Tränen in ihren Augen sammelten. Mit leiser Stimme sprach sie weiter.

„Soviel ich weiß wird heute oder morgen auch noch mal Polizei vorbeikommen, um mit dir über den Vorfall gestern zu sprechen. Es gibt da einige Umstände und ungeklärte Fragen, die ein Fremdverschulden nicht ausschließen lassen.“

Sie stockte. Ich sah ihr an, dass sie noch etwas sagen wollte und nach den passenden Wörtern suchte, aber ich wollte nichts mehr dazu hören. Mit kühler Stimme unterbrach ich sie.

„Das ist ja schön, dass ihr alles über mich zu wissen meint. Aber ihr wisst gar nichts! Hört endlich auf, euch in Dinge einzumischen, von denen ihr keine Ahnung habt. Die letzte Untersuchung war negativ. Welche Beweise benötigt ihr noch, um zu glauben, dass mit mir alles in Ordnung ist?"

Mein Vater kam zurück ins Zimmer. Mit zwei Kaffeebechern in der Hand und einer Cola-Flasche unter dem Arm. Er lächelte, doch als er die angespannten Gesichter von mir und meiner Mutter sah, wurde aus seinem Lächeln Skepsis.

„Alles o. k. bei euch?"

„Ja, wenn ihr damit aufhört, euch in mein Leben einzumischen schon!"

Meine Eltern blieben noch eine Stunde. Eine Stunde in der sie zwanghaft versuchten, Themen auszuweichen, die mich wütend, traurig oder verärgert stimmten und mich nicht mit Schweigen antworten ließen. Dass das ein unmöglich zu erreichendes Ziel darstellte, brauche ich, glaube ich, nicht näher auszuführen. Selbst als mein Vater den Versuch startete, über mein Verhältnis zu Susan zu sprechen, löste dieser verzweifelte Versuch, Traurigkeit in mir aus. Obwohl seine Nachrichten hierzu positiv waren. Er teilte mir nämlich mit, dass ich keine Angst haben bräuchte, dass ich nicht mehr in den Stall durfte. Er und meine Mutter wollten mir schließlich nicht das wegnehmen oder verbieten, was mir Halt gab. Wenn mir Susan guttat, mich dabei unterstütze mich nicht mehr selbst zu verletzen und wieder das Glück im Leben zu finden, dann durfte ich sie so oft und so lange besuchen wie ich mochte. Doch mehr als ein gequältes, fast schon gleichgültiges „Schön", brachte ich nicht über meine Lippen. Ich wusste selbst nicht wieso, denn eigentlich war das doch genau das, was ich mir die ganze Zeit über wünschte: Susan sehen, aber jetzt konnte ich mich nicht mehr darüber freuen. Meine Hoffnungslosigkeit fraß alle positiven Gefühle und Gedanken in mir auf. Wie ein großer, schwarzer Schleier hüllte sie mich ein. Und ich merkte, wie diese Hoffnungslosigkeit langsam auf meine Eltern überging. Sie waren wirklich bemüht nichts falsch zu machen und sie begangen auch keinen Fehler, sie zeigten sich engagiert und kooperationsbereit, aber dennoch gelang es ihnen nicht, mich aufzuheitern. Sie waren nicht die Ursache für die düstere Stimmung und die kalte Atmosphäre. Das Problem und die Schuld lagen bei mir. Ich war das Monster, das alles zerstörte und nur Unheil brachte! Ich gehörte weggesperrt und eingeschlossen. Niemand sollte mehr in meine Nähe gelangen, dann hätte ich nie mehr die Gelegenheit jemanden zu schaden!

Nachdem meine Eltern gegangen waren, fühlte ich mich erschöpft. Obwohl ich nichts Großartiges geleistet hatte, war ich müde und ausgelaugt. Ich legte mich ins Bett, kuschelte mich in die Decke ein und schloss die Augen. Jedoch kam ich lange nicht zur Ruhe, denn es wurde erneut an meine Tür geklopft. Der Oberarzt trat ein. Im Schlepptau hatte er eine streng aussehende Frau, die ein bisschen aussah wie eine Laborantin. Weißer Kittel, Klemmbrett in der Hand, Brille auf der Nase, viel zu roter Lippenstift und die Haare straff nach hinten gebunden. Sie lächelte mich an.

„Hallo, du musst Lucy sein. Ich bin Frau Professor Doktor Eich, aber Frau Eich reicht. Ich bin Psychologin und Psychiaterin auf der Kinder- und Jugendstation und ich möchte dir ein paar Fragen stellen.“

Waren im Krankenhaus alle Menschen übertrieben freundlich oder kam es mir nur so vor? Beide nahmen sich die Stühle, auf denen kurz zuvor meine Eltern noch saßen, und setzen sich zu mir. Da es sich für mich seltsam anfühlte im Liegen mit den beiden zu reden, richtete ich mich ebenfalls auf. Wobei ich natürlich nicht wirklich vor hatte, irgendwelche Fragen zu beantworten.

„Möchtest du mir erzählen, wieso du hier bist?"

Ich hasste Psychologen und ich hasste diese ständigen, gleichen, immer wiederkehrenden Fragen! Ich biss meine Zähne zusammen, um meine Aggressionen zurückzuhalten.

„Du hast versucht, dich umzubringen?", hakte sie nach, als ich auf ihre erste Frage nicht antwortete.

„Nein, ich habe mich beim Rasieren geschnitten", zischte ich.

„O. k. und die anderen Schnittverletzungen an deinen Armen stammen sehr wahrscheinlich von einer Katze", konterte die Psychologin.

Sie schien gar nicht so doof zu sein, wie ich dachte! Mit dieser Masche konnte ich sie also nicht von mir fernhalten.

„Nein, das war ich", wechselte ich die deswegen die Taktik.

Erstaunt über meine Ehrlichkeit, runzelte sie die Stirn und machte sich Notizen. „Wieso tust du das?"

Ich grinste.

„Weil ich verrückt bin und in eine Irrenanstalt gehöre. Zumindest sagt man mir das." Der Blick der Psychologin zeigte Irritation und der Oberarzt schaute geschockt. Ein Erfolg für mich! Wenn man wollte, dass Ärzte einen in Ruhe ließen, war es das Beste so zu reagieren, wie sie es nicht erwarteten oder sie auflaufen zu lassen. Tat man das lange genug, verloren sie das Interesse sich mit einem auseinanderzusetzen – sprich sie ließen mich in Frieden.

„Und das glaubst du auch?“

„Nein.“

Ich schüttelte den Kopf.

„Ich bin nicht verrückt oder krank, es ist die Welt, die krank ist. Ich verletze mich, um zu überleben. Der Schmerz ist für mich erträglicher als das, was ich ohne ihn spüren würde.“

Jetzt hatte ich mich selbst geschockt. So offen und ehrlich wollte ich nicht sein! Ich musste besser aufpassen, was ich von mir gab. Ich durfte die Kontrolle nicht verlieren.

„Was ist so schlimm in deinem Leben?“

„Alles.“

„Nimmst du auch Drogen?“

„Nein.“

„Tabletten?“

„Nein.“

„Einspruch“, mischte sich der Oberarzt ein.

„Bei der Blutuntersuchung gab es gewisse Hinweise, dass über einen längeren Zeitraum Substanzen konsumiert worden sein müssen, die einzelne Werte veränderten. Der Drogenschnelltest war negativ, aber dafür zeigten sich die Leberwerte verändert, die Nierenwerte erhöht und auch sonst gibt es verdächtige Verschiebungen im Blutbild. Das heißt, irgendetwas musst du an Medikamenten genommen haben. Vielleicht auch etwas Pflanzliches?“

Ich schüttelte den Kopf.

„Nein.“

„Wie kannst du dir sonst die Blutwerte erklären? Eine andere Ursache kann zu 100 Prozent ausgeschlossen werden.“

„Ich habe nichts genommen. Nur ab und zu eine Schmerztablette."

„Ab und zu?", fragte der Arzt mit hochgezogenen Augenbrauen.

Ich senkte meinen Blick zu Boden.

„Wie oft?", erkundigte sich die Psychologin.

Ich zuckte mit den Achseln. „Ab und zu."

Ich wagte es nicht, ehrlich zu sein. Die Wahrheit war, ich nahm täglich Schmerztabletten. Mehrmals. Das erste, was ich nach dem Aufwachen machte, war eine Schmerztablette zu nehmen. An manchen Tagen nahm ich nur zwei, an anderen, stressigen Tagen gleich zwei oder drei auf einmal, je nachdem wie hoch meine Anspannung oder der innere Schmerz waren. Längst ging ich zum Einkaufen nicht mehr in die ein und dieselbe Apotheke. Ich brauchte wöchentlich Nachschub. Ich wechselte die Verkaufsstellen und meine Ausreden. Mal kaufte ich sie für meine Oma, dann mal für meine kranke Mutter oder eine kranke Freundin. Nie erzählte ich den Verkäufern, dass ich sie für mich kaufte. Und nie erwähnte ich, dass ich keine drei Pillen Maximaldosis pro Tag einnahm, sondern bei extremen Tagen das doppelte bis Dreifache. Ja, an manchen Tagen aß ich Schmerztabletten wie Smarties! Sie wirkten auf mich beruhigend. Sie nahmen mir meine Schmerzen und ließen mich schwerelos fühlen. Die Dosis, die ich in der Apotheke freiverkäuflich bekam, kam wirkungsmäßig bei Weitem nicht an die Wirkung von Cedrics Tabletten heran. Diese berauschten mich so, dass ich alles vergessen konnte und das Gefühl hatte, mein Körper könnte fliegen, aber sie waren immerhin besser als gar nichts. Ich brauchte die Tabletten! Ich hatte immer eine volle Packung auf Vorrat in meinem Notfallkoffer unter dem Bett. Genauso wie Rasierklingen. Ich hätte es nicht ertragen, wenn mir diese zwei Dinge ausgingen. Sie halfen mir, meinen beschissenen Alltag zu überleben.

„Ab und zu täglich?“, erkundigte sich der Arzt.

„Hmm.“

Erzählte ich ihm die Wahrheit, würde ich vermutlich nie wieder hieraus kommen.

Mehr zu der Psychologin anstatt zu mir meinte er: „Die Werte weisen auf eine längere Überdosierung hin. Womöglich schon eine Sucht. Es müssen mehrere Tage am Stück deutlich mehr Tabletten genommen worden sein, als es für den Organismus gesund ist.“

Ich funkelte den Arzt wütend an.

„Ist es gesund an seinem Schmerz zu ersticken?“

Keine Antwort von ihm.

„Du hast die Tabletten genommen, um dich zu betäuben?“, fragte die Psychologin. „Ja, anders kann man mein Leben ja nicht ertragen.“

Ihre Augen wurden traurig.

„Das ist schade, dass ein Mädchen in deinem Alter schon so denkt.“

„Passiert. So ist das Leben. Make-up verdeckt die Tränen der Nacht, ein Lächeln die Angst, Schmerztabletten die Schmerzen und Suizid meine Verzweiflung. Lehrer schauen weg, meine Eltern sind überfordert, jeder sieht es, aber keiner greift ein. Und ich schweige, obwohl ich weiß, dass schweigen mich umbringt …“

Stille. Zwei oder drei Sekunden vollkommene Stille.

Meine ehrlichen Worte trafen dort, wo es wehtat und schockten. Nicht nur den Arzt und die Psychologin, sondern auch mich. Ich hasste mich bereits jetzt schon für diese Aussage. Es entsprach der Realität, ja, es war nicht gelogen, aber es war falsch es auszusprechen. Das gab zu viel von mir preis. Es konnte gegen mich verwendet werden. Ich hatte die Kontrolle über das, was mein Mund von sich gab, verloren. Das war schlecht. Es war besser, wenn ich wieder schwieg. Ich musste schweigen!

Ein Funke in mir wollte kämpfen. Er hielt mich am Leben und wollte auch weiterhin dafür sorgen, dass ich nicht aufgab. Dieser Funke in mir besaß einen eigenen Kämpfergeist, einen eigenen Willen und einen eigenen Zugang zu meinen Reaktionen.

Ich weiß, dass es eine Diagnose gibt, die sich multiple Persönlichkeiten nennt. Das bedeutet, dass in einem Körper mehrere unterschiedliche Persönlichkeiten leben, die sich durch traumatische Erlebnisse, immer weiter aufspalten. Ich habe diese Diagnose nicht. Dennoch habe ich ab und zu das Gefühl, dass jemand Fremdes mein Handeln kontrolliert. Ich bekomme genau mit, was er oder sie tut, was er oder sie sagt, aber ich kann es nicht beeinflussen. In den seltensten Fällen bin ich damit einverstanden, was diese „Person" anstellt. Kann man es „Person" nennen? Ich weiß es nicht. Ich bin in diesen Momenten ja immer noch ich und keine andere Person. Keine Ahnung, wie ich es bezeichnen soll. Vielleicht ist es auch ein starkes Gefühl, dass mich in diesen Augenblick steuert oder ein innerer Wunsch, der in meinem Unterbewusstsein lebt, und nach außen will. Ich weiß es nicht. Ich weiß lediglich, dass dieses „Etwas“ mir bereits mehrfach das Leben gerettet hat. Jedes Mal, wenn ich kurz davor stand mich selbst zu vernichten, gab es mir sinnbildlich eine Ohrfeige und holte Hilfe. Doch obwohl es mir das Leben rettete, Hilfe holte und somit genau das Richtige tat, um mich am Überleben zu halten, mochte ich es nicht. Es war unkontrollierbar, machte, was es wollte, sträubte sich gegen Cedric und die Freier und vertraute zu schnell Psychologen, Ärzten oder anderen Personen, die sich für mein Geheimnis interessierten.

Die Psychologin merkte rasch, dass ich dichtmachte und sie ab jetzt nichts mehr aus mir herausbekam. ICH hatte wieder die Kontrolle über meinen Mund. Die andere Person, die so ehrlich über meine Gedanken und Gefühle sprach, hatte ich zurück in ihre dunkle Kammer gesperrt. Vorerst hatte sie Hausarrest!

Grundsätzlich würde ich mich als einen eher inkonsequenten Menschen bezeichnen, doch wenn es sich um Schweigen und Nachfragen anderer handelte, konnte ich äußerst lange durchhalten. Das begriff auch Frau Eich sehr schnell. Sie verabschiedete sich von mir, meinte, dass sie sich noch heute mit meinen Eltern und der ambulanten Therapeutin besprechen wolle, um mir dann morgen mitzuteilen, wie es in meinem Fall weitergehen solle. Schließlich könnte man mich nach einem Suizidversuch nicht einfach so entlassen, als hätte ich mir beim Spielen einen Arm gebrochen oder einen Knöchel verstaucht.

Der Oberarzt verließ mit ihr das Zimmer. Er wollte nach dem Mittagessen noch einmal nach mir schauen.

Ich legte mich in mein Bett und betrachtete den Baum, der vor dem Fenster stand. Seine Äste wogen sich im Wind gleichmäßig hin und her. Diese Bewegungen wirkten beruhigend. In meinem Kopf herrschte ausnahmsweise Stille. Die ganze Aufregung und die vielen hatten mich so viel Kraft gekostet, dass mir nun anscheinend die Energie zum Denken fehlte. Im Halbschlaf nahm ich wahr, wie mir eine Schwester ein Tablett mit Mittagessen auf den Tisch stellte. Da ich jedoch keinerlei Appetit verspürte, ignorierte ich sie und tauchte stattdessen ab ins Land der Träume.

15. Kapitel - Wann hat das alles ein Ende?

Meine Welt lag in Trümmern. Ich stand vor einem gigantischen Berg aus Schutt und Asche. Jedes Mal, wenn ich versuchte aufzuräumen, kam jemand mit einem Panzer und fuhr erneut alles platt oder ein Erdbeben erschütterte den Boden und zerstörte meinen Versuch mir etwas Neues aufzubauen. Ich war zum Scheitern verurteilt. Zu oft hatte ich den Scherbenhaufen, der irgendwann mal ein Leben war, wieder zusammengebastelt. Mit viel Mühe und Zeit konnte man zwar einiges reparieren, aber leider nicht alles. Wenn man einen geflickten Spiegel das dritte oder vierte Mal zertrümmert, ist irgendwann Schluss. Dass er nicht mehr perfekt ist und wie original aussieht o. k., damit könnte ich leben, aber mittlerweile fehlten schon zu viele Teile, zahlreiche Stellen wurden schon mehrfach geklebt, ausgetauscht und notdürftig geflickt … Eine erneute Instandsetzung würde Jahre dauern. Wenn nicht sogar ein Leben lang. Lohnte sich das überhaupt noch? Wer gab mir die Garantie, dass ich nicht wieder angegriffen wurde?

Ich träumte wild. Das Nächste, was ich mitbekam, war, dass jemand energisch an die Zimmertür klopfte, und parallel dazu meinen Namen rief. Ich schlug die Augen auf und schaute mich um. Es war der Oberarzt. Verschlafen richtete ich mich auf. Wie lang hatte ich geschlafen? 20 Minuten? Eine Stunde? Zwei Stunden? Ich hatte kein Zeitgefühl. Mir kam es vor wie Minuten, aber die Uhr über der Tür sagte etwas anderes. Das Essenstablett war bereits abgeräumt. Anderthalbstunden lang hatte ich nichts von meiner Außenwelt mitbekommen. 90

Minuten Ruhe in meinem Kopf, nichts denken und nichts fühlen. Wieso musste er mich jetzt schon wieder wecken?

„Hier sind zwei Personen, die mit dir reden möchten."

Ich rieb mir meine Augen. Durch das häufige Weinen waren meine Augenlider zugeschwollen. Zwei Polizisten, ein männlicher und ein weiblicher Polizist, tauchten hinter dem Arzt auf. Ich seufzte. Die Frau war die gleiche, die mich schon beim letzten Mal befragt hatte.

„Muss das sein?", fragte ich quengelnd.

Der Arzt nickte.

„Deine Mutter hat auch angerufen und fragt, ob sie nachher noch mal vorbeischauen soll."

Ich schüttelte den Kopf.

„Nein, ich bin froh, wenn ich endlich meine Ruhe haben kann und nicht ständig irgendjemand doofe Fragen stellt."

„O. k." Der Arzt wendete sich an die zwei Polizisten. „20 Minuten dürfen Sie mit ihr reden."

Das Gespräch verlief anders, als ich gedacht hatte. Der männliche Polizist hielt sich im Hintergrund, machte lediglich ab und an ein paar Notizen auf einem kleinen Block und die Frau redete mit mir. Ihre Stimme klang einfühlsam, ihre Fragen waren nicht drängend und sie verpflichtete mich nicht zu einer Antwort, sondern gab mir Freiraum. Sie konfrontierte mich erneut mit dem bereits vorhandenen Verdacht, dass ich sexuell missbraucht wurde, beziehungsweise eventuell noch werde. Sie erklärte mir, dass mir ausschließlich geholfen werden könne, wenn ich mein Schweigen brach. Es gab nichts, wovor ich Angst haben bräuchte. Ich blockte jedoch ab. Sie verstand nicht, dass es sich nicht so einfach darstellte und dass ich nicht reden durfte. Ihre Worte fühlten sich für mich an wie Folter.

„Wenn du dich schämst, dann ist das normal. Das machen viele Opfer. Aber es gibt keinen Grund dafür. Du bist nicht daran schuld, was dir angetan wird. Die Schuld liegt alleine bei den Tätern."

Ich schüttelte wild mit dem Kopf. Sie sollte aufhören zu reden. Ich wollte es nicht hören. Ich konnte es nicht ertragen. Wenn ich nicht daran dachte, was mir angetan wurde, dann konnte ich es aushalten. Ich redete mir ein, dass alles normal sei, dass Cedric und ich eine normale Beziehung führten und alles gut war. Das half mir damit zurechtzukommen. Die Polizistin bestätigte mit ihren Aussagen meinen Selbstschutz.

„Ich bin vom Pferd gefallen. Mir hat niemand etwas angetan."

„Ja, deine ambulante Psychologin erzählte uns schon, dass du öfters mal gegen Türrahmen läufst, gegen Tische im Dunkeln oder auf der Treppe ausrutschst."

Ich begann zu weinen.

„Ja. Das entspricht der Realität."

Zwanghaft versuchte ich an meiner persönlichen Wahrheit, beziehungsweise dem, was mir Cedric jahrelang eingebläut hatte, festzuhalten. Die Polizistin atmete laut hörbar aus.

„Niemand kann dich zu einer Aussage zwingen. Der Wille dazu muss alleine von dir kommen. Ich lasse dir eine Visitenkarte von mir da. Vielleicht überlegst du es dir morgen oder nächste Woche. Die Polizei kann dir helfen ein neues Leben zu beginnen. Du musst nur die Hilfe annehmen. Außerdem lasse ich dir noch zwei Flyer hier. Der eine ist von einer Organisation, die sich um Mädchen mit

Missbrauchserfahrungen kümmert, und der andere ist über eine Beweissicherung durch eine gynäkologische Untersuchung. Es gibt in verschiedenen Krankenhäusern, unter anderem auch hier, die Möglichkeit sich nach einem Übergriff untersuchen zu lassen und Beweise zu sichern, ohne dass eine Anzeige gegen den Täter aufgegeben werden muss. Die Untersuchungsergebnisse werden nicht an uns weitergeleitet, sondern hier gespeichert. Falls du später irgendwann mal den Mut hast, den Täter anzuzeigen, können diese alten Untersuchungsergebnisse dann als Beweis geltend gemacht werden. Das wäre auf jeden Fall eine gute Überlegung für dich."

Sie lächelte mich an und zog aus der Innentasche ihrer Weste zwei Flyer, die sie auf meinen Nachtisch legte. Ich schaute bewusst nicht in ihre Richtung. Ich wusste, dass ich mich gerade benahm wie ein kleines, bockiges Kind, oder ein Igel, der seine Stacheln ausfuhr, aber anders schien es hier niemand zu verstehen, dass ich keine Hilfe brauchte, und schlichtweg in Ruhe gelassen werden wollte. Von wegen Suizid war keine Lösung! Ja, es löste meine Probleme nicht, aber es beendete sie wenigstens!

Eine gynäkologische Untersuchung war Schwachsinn! Wieso sollte ich mir das noch einmal antun, wenn dabei sowieso nichts herauskam? Und die Polizei? Dein „Freund und Helfer", nein, darauf konnte ich verzichten! Ich traute niemanden aus diesem Verein! Überhaupt wusste ich nicht, wem ich noch trauen durfte. Wer gab mir die Sicherheit, dass alle Ärzte aus dem Krankenhaus ehrliche Menschen waren? Eventuell befanden sich auch hier unter dem Personal Monster, die sich an nackten

Kinderkörpern aufgeilten. Wer wusste das schon? Das Erlebnis mit dem Arzt der Polizei, der falsche Gutachten schrieb, Untersuchungsergebnisse unterschlug und in meine Akte erlogene Sachen eintrug, hatte mir das letzte Vertrauen und die letzte Hoffnung genommen. Nein, danke!

Ich verkroch mich in meine negativen Gedanken. Der letzte Satz der Polizistin lautete, dass ich mir im Klaren darüber werden musste, was ich wollte. Diesen Satz hatte ich in meiner Vergangenheit schon oft gehört und er brachte mich jedes Mal an den Rand des Wahnsinns. Im Klaren darüber werden, was ich will … Schön, was will ich denn? Ich will mein Leben beenden, aber zeitgleich weiterleben und ein glückliches Leben führen; ich will von Cedric weg, aber kann mich von ihm nicht trennen, ich will reden, aber traue mich nicht, ich will nicht länger schweigen, aber bekomme den Mund nicht auf. Mein gesamtes Leben basiert auf Widersprüchen! Wie sollte ich da Klarheit finden? Das war unmöglich. Egal, was ich machte, ich bewegte mich nur im Kreis.

Ich spürte eine unbändige Wut in mir. Die Anspannung jagte Stromstöße durch meinen Körper. Ich biss mir in den Daumenknochen, um mein Stresslevel zu senken. Wieso stand ich mir so oft selbst im Weg? Wieso konnte bei mir nichts normal verlaufen? Was hatte ich verbrochen?

Vor ein paar Stunden war ich mir noch so sicher, dass ich mein Leben verändern, und dass ich aus Cedrics Gewalt ausbrechen wollte. Und jetzt? Jetzt stand ich wieder in meinem Gedankenchaos und sah vor lauter Bäumen den Wald nicht. Jeder Schritt, den ich nach vorne machte, ging ich kurz danach wieder zurück. Wieso war das alles so schwer? Konnte bei mir nicht einmal etwas einfach sein. Nur als Abwechslung, zum Entspannen und neue Kraft tanken?

Der erste Tag im Krankenhaus neigte sich dem Ende. In der Nacht schlief ich wie ein Stein. Ich wachte kein einziges Mal auf und am Morgen konnte ich mich an keinen Albtraum erinnern. Seit Langem fühlte ich mich ausgeschlafen und erholt. Obwohl momentan vieles schief lief und mein Leben alles andere als glücklich war, konnte ich mich über solche Kleinigkeiten enorm freuen. Für jeden normalen Menschen ist es nichts besonders morgens aufzustehen und sich ausgeschlafen zu fühlen, doch für mich war das eine absolute Seltenheit.

Nach dem Frühstück kamen meine Eltern zu Besuch. Als kleine Aufmunterung hatten sie mir ein Geschenk mitgebracht. Der Begriff „Geschenk“ löste bei mir einen bitteren Beigeschmack aus. Zu häufig hatte ich schon schlechte Erfahrungen mit Geschenken gemacht, doch diese Aufmerksamkeit beinhaltete nichts Bedrohliches für mich. Es war ein DIN A5-Ringbuch und ein blau-glitzernder Füller. Erwartungsvoll schlug ich das Buch auf. Es war leer. Alle Seiten waren linierte, leere Blätter. Verwirrt schaute ich meine Mutter an.

„Und was soll ich damit?“

„Schreiben.“

Sie lächelte, als wenn sie sich auch nicht so ganz sicher sei, weshalb sie mir dieses Buch schenkte.

„Die Psychologin meinte, dass es manchmal leichter fällt seine Gedanken und Gefühle oder das, was man erlebt hat, niederzuschreiben, anstatt darüber zu reden.“

„Aha."

Ungläubig betrachtete ich die leeren Seiten. Später, wenn meine Eltern gegangen wären, würde ich es in die Nachttischschublade verfrachten. Dort, wo ich auch gestern die zwei Flyer der Polizistin hingelegt hatte. Ich konnte mir beim besten Willen nicht vorstellen, dass es meine Probleme beseitigte, wenn ich alles aufschrieb.

Der Oberarzt und die Psychologin wollten mit mir und meinen Eltern das weitere Vorgehen besprechen. Es sollte ein Plan erstellt werden, wie zukünftige Selbstverletzungen, Suizidgedanken und Ähnliches verhindert werden konnten. Ich empfand dieses Gespräch als überflüssig. Schließlich hatte ich eine ambulante Psychologin, die sich um mich kümmerte. Ich benötigte keine weiteren Maßnahmen.

„Lucy, dieses Mal war es nur – nur in Anführungszeichen – eine tiefere Selbstverletzung am Handgelenk. Aber was kommt als Nächstes? Springst du von einem Hochhaus? Nimmst du eine Überdosis Tabletten? Sehen wir dich jede Woche in der Notaufnahme zwecks Nähen?", fragte mich die Psychologin.

„Nein. Es war ein Ausrutscher. Mir wurde alles zu viel und ich habe Rot gesehen. Mehr nicht."

Von allen Seiten trafen mich ungläubige Blicke. Niemand hier im Raum schien mir zu glauben. Und wenn ich ehrlich war, konnte auch ich mir nicht glauben. Es war eine Frage der Zeit, wann ich das nächste Mal zur Klinge griff und nicht ob überhaupt …

Ob ich dann wieder an den Handgelenken schnitt, wusste ich nicht. Vielleicht nicht sofort. Der erste Druck in mir war entwichen, aber er würde sich erneut aufbauen. Aktuell hatte ich nicht vor mein Leben aktiv zu beenden, doch das hatte ich vor zwei Tagen auch nicht geplant. Es war einfach passiert. Ich hatte die Kontrolle verloren. Ob das ein weiteres Mal passieren könnte? Ja. Wenn sich in meinem Leben nichts änderte, bestimmt irgendwann. Nicht heute, nicht morgen, aber die Zeitbombe in mir tickte. Ich spürte sie.

„Du wirst vom Unterricht in der Schule nichts Wichtiges verpassen. Wenn du das letzte Schuljahr sowieso wiederholst, wird der Schulstoff für dich leichter sein. Außerdem besteht nach den ersten Wochen die Möglichkeit, dass du in den Klinikunterricht kannst."

„Hä, wieso?"

Ich verstand kein Wort von dem, was die Psychologin mir sagen wollte. Die letzten Sätze von ihr hatte ich ausgeblendet. Ich hörte zwar, dass sich die Beteiligten im Raum miteinander unterhielten, doch verstand nicht, was sie von sich gaben. Meine Gedanken im Kopf waren zu laut.

„Ich sagte, dass du nach den ersten Therapiewochen, wenn es dir besser geht, in die Klinikschule darfst."

Zögerlich nickte ich. Immer noch ahnungslos, von was die da redeten. Doch ich traute mich nicht, weiter nachzufragen. Niemand sollte wissen, dass ich nicht zugehört hatte. Der Oberarzt kommentierte das Angebot der Psychologin und auch meine Eltern teilten ihre Meinung dazu mit.

Nach und nach setzten sich durch ihre Aussagen Puzzleteile in meinem Kopf zusammen, die mir das Gesprächsthema verrieten. Erst hoffte ich auf einen Irrtum, doch es konnte kein Irrtum sein, zu vieles wies eindeutig auf meinen Verdacht hin.

„Ihr wollt mich nicht ernsthaft in die Klapse stecken?“, erkundigte ich mich leicht panisch.

„Nein, nicht in die Klapse, in eine offene Kinder- und Jugendpsychiatrie“, entgegnete mein Vater.

„Nicht euer Ernst!“

„Was bleiben uns denn für andere Möglichkeiten? Wir haben keine andere Wahl. Mit Frau Hagen sprichst du nicht, in der Schule versagst du, du schwänzt, du schneidest dir die Arme auf … Es bestand der Verdacht auf sexuellen Missbrauch, jetzt heißt es, du würdest dir vielleicht alles selbst zufügen. Wir können nicht mehr!“, konfrontierte mich meine Mutter mit ihrer Entscheidung.

Ich schnaufte. Ich hatte vieles von meinen Eltern erwartet, aber nicht so etwas.

„Du hast mittelschwere Depressionen, zeigst starkes selbstverletzendes Verhalten auf, eine posttraumatische Belastungsstörung, eine Angststörung, angstbedingte Einschlafstörungen, offensichtliche Suizidgedanken, eventuelle Tendenzen zum Borderlinesyndrom und einen übermäßigen Schmerztabletten-Konsum womöglich sogar Sucht auf“, zählte der Arzt meine Diagnosen auf.

„Das ist für einen so jungen Menschen wie dich, schon eine ganz schön lange Liste. Bei einer stationären Therapie kannst du lernen mit den Diagnosen zu leben, es können andere Therapieverfahren angewendet werden, die ambulant nicht gehen, es können mögliche Medikamente richtig eingestellt werden … Es ist nur zu deinem Besten.“

Wut machte sich in mir breit. Wut und Hass. Ich war nicht bekloppt oder geisteskrank! Ich brauchte keine Psychologen.

Niemanden, der sich in mein Leben einmischte. Tabletten, die mich sedierten und Leute, die mir sagten, dass alles wieder gut werden würde. Sie würden alles nur noch schlimmer machen. Sie wussten nicht, was sie mit ihrem Vorhaben anrichteten, und auch ich konnte das Ausmaß dieser Entscheidung nicht einmal ansatzweise erahnen. Es mag Leute geben, die gerne wissen wollen, was ihre Zukunft für sie bereithält. Sie halten die Ungewissheit nicht aus und gehen zu Wahrsagern, lassen sich Karten legen oder befragen Geister. Ich bin froh, dass ich das alles nicht getan habe. Hätte mir nämlich jemand berichtet, was ich in den kommenden Wochen alles noch über mich ergehen lassen musste, dann wäre ich vermutlich direkt vor den nächsten Zug gesprungen. Auch jetzt, wo ich mit etwas Abstand meine Geschichte betrachte, frage ich mich oft, wie ich das bewältigt habe. Ich stand mehrfach am Abgrund, war dem Tod näher als dem Leben und habe dennoch weitergekämpft. Woher ich die Kraft und den Mut nahm? Ich kann es heute nicht mehr sagen. Ich glaube, ich habe einfach funktioniert. Nicht nachdenken, keine Fragen stellen, nur machen. Befehle ausführen, Augen zu, nicht auffallen, den Schmerz aushalten. Müsste ich das alles heute noch einmal durchmachen, ich glaube, ich hätte nicht mehr die Kraft dazu. Ich wüsste, dass es nicht besser werden würde, dass es morgen nicht vorbei ist, dass ich jahrelang den Qualen ausgesetzt wäre und dass Cedric mir das Herz rausreißen würde. Dieses Wissen würde mich umbringen. Doch damals klammerte ich mich an meine Hoffnung, dass alles lediglich vorübergehend sei, und nicht mehr schlimmer werden konnte fest und schaffte es dadurch zu überleben.

Am Ende des Planungsgespräches musste ich mich dem Rat der Psychologin und des Arztes und dem Entschluss meiner Eltern beugen. Es blieb beschlossene Sache: Ich sollte auf die Warteliste der offenen Station der Kinder- und Jugendpsychiatrie um dort eine stationäre Therapie zu absolvieren. Notfallmäßig könnte ich auch sofort aufgenommen werden, aber dann auf der geschlossenen Station. Dort wären allerdings die Türen verschlossen und das Therapieangebot wären nicht ganz so passend für mich, wie auf der offenen Station. Mit einem gespielten Lächeln freute ich mich.

„Juhu, das heißt, also, dass ich nur halbgestört bin. Ich zähle zu den leichten Fällen und nicht zu den komplett Kranken."

Jedoch konnte niemand außer mir über diesen Scherz lachen. Die Stimmung unter den Erwachsenen war ernst, fast bedrückend. Bis ein Therapieplatz auf der offenen Station frei werden würde, durfte ich nach Hause. Eine Nacht musste ich noch zur Beobachtung bleiben und dann wäre ich ein freier Mensch. Zumindest bis der Bescheid über die Aufnahme kam. Dies könnte unter Umständen jedoch bis zu drei Monaten dauern. In dieser Zeit sollte ich wöchentlich Termine bei meiner ambulanten Psychologin wahrnehmen. Des Weiteren wurde mir ein Vertrag aufgetischt, den ich freiwillig unterschreiben sollte. In dem Vertrag stand, dass ich in den Wochen zuhause versuchen sollte, mich nicht selbst zu verletzen, und falls dies nicht möglich war und ich doch zu Rasierklingen griff, es meinen Eltern mitteilte und sie mit mir zu einem Arzt fuhren, um die Wunden versorgen zu lassen. Wären die Verletzungen so schlimm, dass sie chirurgisch versorgt werden mussten, oder suizidale Absichten beinhalteten, wäre die Konsequenz eine sofortige Aufnahme auf der geschlossenen Station. Außerdem sollte ich mich dazu bereit erklären, alle 14-Tage bei meinem Hausarzt eine Blutprobe abnehmen zu lassen, keine Drogen zu konsumieren und keine übermäßigen Mengen Schmerzmittel. Bei Verstoß gegen diese Regel drohte ebenfalls eine Einweisung. Bereits nach dem ersten Überfliegen des Papieres stand für mich fest, dass dieser aufgesetzte Vertrag puren Schwachsinn darstellte. Solch einen Unsinn wollte ich nicht unterschreiben! Jedoch hieß es, wenn ich diesen Vertrag nicht unterschriebe, dann könnte ich morgen nicht entlassen werden. Entgeistert und wütend zugleich funkelte ich die Psychologin und den Oberarzt an. Kurz überlegte ich, eine Diskussion über „erzwungene Freiwilligkeit" anzufangen, doch ich entschied mich dagegen. Ich saß am kürzeren Hebel. Ich musste mich kooperativ zeigen, um Zeit zu gewinnen. Ich durfte es mir nicht sofort mit allen verscherzen. Ich musste zunächst so tun, als würde ich mitarbeiten und mir dann einen Plan ausarbeiten, wie ich meinen Kopf in letzter Sekunde noch aus der Schlinge ziehen konnte. Mit der krakeligsten Handschrift, zu der ich fähig war, unterschrieb ich die Blätter. Es sollte ja niemand auf die Idee kommen, dass ich Spaß daran hatte, und mich auf das tolle Angebot eine stationäre Therapie zu machen freute. Meine Eltern lobten mich und auch der Arzt und die Psychologin wirkten zufrieden.

„Es ist schön, dass du gut mitarbeitest, und erkennst, dass wir nur dein Bestes wollen."

Ich knirschte mit den Zähnen. Wenn die wüssten! So einen Kindervertrag zu unterschreiben war eine Sache, mich daranhalten? Nein, nie und nimmer! Wieso sollte ich das unterlassen, was mir in meiner bodenlosen Welt noch Halt gab? Das, was mir bewies, dass ich noch nicht tot war? Sobald ich hier raus wäre, würde ich mir in der Innenstadt mir neue Klingen besorgen. Mein Körper war groß. Es gab viele Stellen, an denen ich mich selbstverletzen konnte. Es mussten nicht immer meine Arme sein. Und auch die Schmerztabletten würde ich weiterhin nehmen. Ohne sie war der unendliche Schmerz in meinem Innern schließlich nicht zu ertragen.

Am frühen Nachmittag hatte die durchgehend grinsende Krankenschwester, die ich am ersten Morgen schon ganz weit auf der Liste der Menschen, die ich nicht leiden konnte, einsortiert hatte, Dienst. Ich hörte ihr durchdringendes Lachen schon, bevor sie überhaupt in der Nähe meines Zimmers war. Genervt zog ich mir das Kopfkissen über mein Gesicht und fragte mich, wie man so viel Spaß bei der Arbeit haben konnte. Ohne Drogen – wohlgemerkt!

Ich verabscheute in dieser Zeit glückliche, lachende Menschen. Sie machten mich traurig. Sie zeigten mir, wie das Leben aussehen konnte, wenn man keine solche Versagerin, wie ich war. Jedes Lachen traf mich wie ein Faustschlag. Es tat weh, so deutlich vor Augen geführt zu bekommen, was ich alles verpasste.

Schwungvoll öffnete die Krankenschwester meine Tür und tänzelte durchs Zimmer. „Na, bist du heute besser gelaunt? Morgen wirst du ja schon entlassen."

Ich grummelte.

„O. k., ich verstehe. Ich lasse dich auch gleich wieder in Ruhe. Ich wollte dir nur die schönen Blumen bringen, die an der Anmeldung für dich abgegeben wurden."

Ich hörte, wie sie etwas auf meinem Nachttisch abstellte.

„Die waren bestimmt teuer, so wie sie aussehen. Du scheinst deinem Verehrer einiges wert zu sein."

Ich lauschte, bis sie das Zimmer verlassen und die Tür geschlossen hatte. Wer brachte mir Blumen? Ich besaß keinen Verehrer.

Langsam zog ich das Kissen von den Augen und drehte meinen Kopf so, dass ich die Vase auf dem Nachtisch sehen konnte. Es war ein prächtiger Blumenstrauß aus roten und weißen Rosen. Ich richtete mich auf. Von wem er kommen mochte? Ich kannte niemanden, der mir solche Geschenke machte. An der Seite entdeckte ich einen angebundenen orangenen Briefumschlag. Vermutlich vom Absender. Vorsichtig entfernte ich das Kuvert.

„Für Lucy Mayer".

Die Handschrift kam mir nicht bekannt vor, dennoch breitete sich ein ungutes Kribbeln in mir aus. Einen Verehrer hatte ich zwar nicht, aber jemand anderen, der behauptete mich zu lieben … Woher sollte Cedric jedoch wissen, dass ich im Krankenhaus lag? Nervös öffnete ich den Umschlag und zog den Inhalt heraus. Eine Trauerkarte. Was für eine makabre Art von Scherz! „Ruhe in Frieden" und ein Grabstein, über dem ein Engel schwebte. Mit zittrigen Fingern öffnete ich Karte.

„Da war ich wohl etwas zu voreilig mit dem Kauf … Genauso wie du! Du gehörst mir, du kannst mir nicht entkommen! Merke dir das, sonst finden noch ganz andere Trauerkarten Verwendung!“

Hastig schnappte ich nach Luft und schlug hektisch den Inhalt zu. Ich bekam Angst. Panisch schaute ich zum Fenster heraus. War da gerade ein Schatten? Schritte auf dem Flur? Oh nein, er kam mich holen! Alles wirkte plötzlich bedrohlich. Die Umrisse im Krankenzimmer verschwammen und ich sah Cedric vor mir. Gemeinsam mit Mark lachte er mich aus, zeigte mit dem Finger auf mich und amüsierte sich über meine Angst. Schnell schüttelte ich den Kopf. Diese Bilder sollten verschwinden. Sie waren keine Realität! Es stimmte nicht! Mark und Cedric verblassten, der Raum um mich herum nahm wieder seine wahre Kontur an, doch die Angst blieb. Ich befand mich im Krankenhaus, in Sicherheit. Die beiden standen nicht hier im Zimmer und doch spürte ich sie. Sie steckten in meinem Kopf, in meinen Gedanken. Mein Puls raste und ich zitterte. Die Karte lag vor mir auf der Zudecke. Ein kleiner Notizzettel in der Größe von zehn auf zehn Zentimeter lag daneben. Er musste sich ebenfalls im Umschlag befunden haben. Auf ihm standen vier Termine und darunter

„Ich warte am Festplatz auf dich!“

Das erste Datum war am morgigen Tag um 16 Uhr. Panik und Verzweiflung mischten sich in mir und daraus wurde Wut und Selbsthass. Wieso? Wieso konnte nicht alles gut werden?

16. Kapitel - Die Macht der negativen Gedanken

In der Nacht konnte ich nicht schlafen. Ich lag auf der Seite und starrte schon seit einer gefühlten Ewigkeit auf ein und denselben Punkt. Jedes Mal, wenn ich meine Augen schloss, tauchten neue, furchterregende Bilder auf. Ich fühlte mich wie in einem Albtraum gefangen. Jedes Geräusch auf dem Gang ließ mich zusammenzucken und entfachte neue Angst in mir, obwohl es keinen Grund dazu gab. Schatten begannen sich zu bewegen, Stimmen veränderten sich, Gesichter, jedes harmlose Husten erinnerte mich an ihn. Ich wurde verrückt! Ich musste höllisch aufpassen, dass sich die Realität nicht mit meinen Gedankenbildern vermischte.

Die Rosen von Cedric hatte ich samt Vase im Stationsmüll entsorgt. Die Karte, den kleinen Zettel und den dazugehörigen Umschlag verwahrte ich in dem DIN A5-Buch, das mir meine Eltern geschenkt hatten. Ursprünglich wollte ich die Briefhülle samt Inhalt zerreißen und ebenfalls entsorgen – oder noch besser: Verbrennen! Doch ich schaffte es nicht. Etwas hemmte mich. Es fühlte sich falsch an. Ich krallte mich am Bettlaken fest. Der vermeintlich feste Boden unter mir hatte sich erneut in Luft aufgelöst.

Ich drohte durchzudrehen! Bilder, immer mehr Bilder entstanden in meinem Kopf, aber kein Zusammenhang. Es gab keine Geschichte, kein Leitfaden, der die Schnipsel verband. Keine Ahnung, wie ich das ausdrücken soll. Es war, als wenn meine Erinnerung ein Schweizer Käse war. Mir fehlte so viel dazwischen. Ich wusste nicht, was mich mehr zum Verzweifeln brachte: die ständigen Flashbacks oder die Lücken in meiner Erinnerung.

Je mehr ich mich damit auseinandersetze, desto weniger konnte ich mir selbst glauben. Der Schatten der Tür wirkte auf mich wie ein Mann, der seine Faust hob. Was war, wenn das Bild in meinem Kopf, bei dem Cedric mich mit seiner Faust bedrohte, ähnlich entstanden war? Wenn er mich gar nicht geschlagen hatte, sondern es nur so aussah, und er in Wirklichkeit etwas anderes tat? Wie ich darauf kam? Nun ja, die Erinnerung an die Szene mit seiner erhobenen Faust war klar und deutlich in meinem Gedächtnis verankert, aber es gab keine Fortsetzung dazu. Ich konnte nicht mit Sicherheit sagen, dass seine Faust mich auch traf. Daran fehlte die Erinnerung. Oder nächstes Beispiel: Das Flashback, bei dem ich mich grün und blau geschlagen vor einem Spiegel stehen sah. Wie waren die blauen Flecken entstanden? Wann hatte sich diese Erinnerung entwickelt? Da war eine Lücke. Was war, wenn ich während dieser „Lücke“ eine Treppe hinuntergefallen bin? Wenn mir kein anderer Mensch, sondern meine eigene Tollpatschigkeit diese Verletzungen beschert hatte? Wieso vergaß ich überhaupt so viel?

Ich sollte laut Ärzten und meinen Eltern in eine Psychiatrie eingewiesen werden. Angeblich wegen Depressionen, aber was wäre, wenn ich psychotisch war, wenn ich mir Dinge einbildete, die es gar nicht gab? Was war, wenn es MICH überhaupt nicht gab? Wer war ich denn? O. k., ich hatte einen Namen, eine Adresse, ein Geschlecht aber wer war ich? Was machte mich aus? Oh Gott, vielleicht war ich ein notorischer Lügner? Das würde so vieles in meinem Leben erklären! Die zahlreichen grundlosen Streitigkeiten mit meinen Eltern, die Konflikte in der Schule, dass Cedric mir sagte, dass ich das alles so wollen würde … Ja, ich konnte mich nicht daran erinnern, dass ich all dem irgendwann zugestimmt hatte, aber vielleicht wusste er es? Eventuell hatte ich es vergessen, dass ich zu Anfang ihm das Einverständnis dazu gab. Ich verdiente dadurch schließlich Geld. Also wieso sollte ich es nicht freiwillig tun?

Die Macht der eigenen Gedanken kann Berge versetzen. Wenn man an sich glaubt, ist man dazu in der Lage das Unmögliche möglich machen und über sich hinauswachsen. Setzt man diese Macht jedoch umgekehrt ein, in die negative Richtung, können die eigenen Gedanken einen vernichten und in Selbstzweifeln ertränken. Man kann sich wortwörtlich kaputt denken. Am Ende war ich fest davon überzeugt, dass ich eine psychisch kranke, völlig irre Person sei, die nicht einmal mehr sich selbst glauben konnte …

17. Kapitel - Es darf nicht wahr sein!

Am kommenden Morgen fühlte ich mich gerädert und kraftlos. Ich hatte die Nacht kaum geschlafen, viel zu viel nachgedacht und mir zu oft die Frage nach einem „was wäre wenn?“ gestellt. Nach all den Jahren sollte ich eigentlich gelernt haben, dass mir Überlegungen dieser Art das Genick brachen. Sie stellten ein garantiertes Ticket für eine Gedankenspirale abwärts dar. Aber ab und zu konnte ich es dennoch nicht lassen. Ich musste mich damit beschäftigen.

An meinem Frühstück knabberte ich lustlos herum und beim Entlassungsgespräch hörte ich überhaupt nicht zu. Mit meinen Gedanken war ich schon beim Nachmittag. Der erste Termin für das nächste Wiedersehen mit Cedric. Sollte ich hingehen? Mein Verstand sagte ganz klar nein, doch mein Gefühl kämpfte dagegen an. Ich brauchte ihn. Ich sah ja, wo es hinführte, wenn ich mich nicht mit ihm traf. Ich landete im Krankenhaus mit der Aussicht auf eine Einweisung in die Psychiatrie. Ich kam ohne ihn nicht zurecht. Ich war schon zu lange in seinen Klauen gefangen, als dass ich mir ein Leben ohne ihn vorstellen konnte. Das intensive Nachdenken gestern hatte mich zu sehr geschwächt und die vielen Flashbacks raubten mir meine restliche Kraft. Ich schaffte es nicht mehr, stark zu sein. Der Funktionieren-Modus übernahm meinen Körper. Die Überlebenskämpferin Lucy brauchte eine Auszeit.

Wieder zwei Persönlichkeiten? Nein, zwei Ansichten. Zwei Ansichten, die auch heute noch in mir wohnen. Es gibt die Ansicht, die Cedric geformt hat, die ihm hörig ist, keine Fragen stellt, nicht an der Richtigkeit seiner Taten zweifelt und dann gibt es die Überlebenskämpferin Lucy. Die Überlebenskämpferin will leben, sträubt sich gegen seine Befehle, hasst es anschaffen zu gehen, will alles Beenden, will gegen Cedric aussagen und sich ihm nicht mehr beugen. Sie ist eine Rebellin. Damit sie überlebt und nicht stirbt, hat sich der Funktionieren-Modus eingeschaltet.

O. k., wie erkläre ich das, ohne dass ich als verrückt abgestempelt werde? Schwierig … Damals habe ich das gar nicht wahrgenommen. Es war zwar auffällig, dass ich mich mal festentschlossen zeigte, mich wehrte, einen Plan austüftelte, um Cedric zu entkommen, und im nächsten Moment flüchtete ich mich in seine Arme und vergötterte ihn. Wie ein Hund, der von seinem Besitzer gequält wurde und trotzdem alles für ihn tat, da er Angst hatte alleine nicht überleben zu können. Aber ich dachte mir nicht wirklich etwas dabei. Ich merkte, dass meine Entscheidungen kollidierten. Ich konnte mich nicht auf einen Weg festlegen. Jeden Plan schmiss ich spätestens ein paar Stunden später wieder über den Haufen. Ich verstand, dass es etwas mit Cedric zu tun hatte, dass er mich und meine Gedanken kontrollierte, aber ich verstand nicht, wieso ich mich nicht entscheiden konnte. Ich glaube, das war auch für Menschen in meiner Umgebung schwierig. Ich bettelte um Hilfe, behauptete, ich sei bereit dazu zu reden und im nächsten Moment rannte ich weg und sagte „ne, ich habe es mir anders überlegt, ich will nicht".

Besonders Frau Hagen bekam diese Ambivalenz oft zu spüren. Heute verstehe ich die Psychologie dahinter und kenne die Ursachen für dieses Verhalten, das viele Opfer aufzeigen. Ich probiere es mal zu erklären: Ich bin keine Psychologin und habe das auch nicht studiert, deshalb wird meine Beschreibung fachlich miserabel sein. Ich will aber auch gar nicht die fachmännische Sicht schildern, sondern meine eigene, meine persönliche. Wenn ein Mensch mehr erlebt, als ein Körper ertragen kann, dann spaltet er das Trauma von sich ab. Es entstehen mehrerer Persönlichkeiten oder eine Dissoziation. Bei mir sind keine verschiedenen Persönlichkeiten entstanden, sondern nur ein Funktionieren-Modus. Sprich ich habe gelernt, während schlimmer Ereignisse die Seele vom Körper abzuspalten. Der Körper nimmt das Leiden auf sich, um so die Seele zu schützen. So weit hatte ich es im Buch schon einige Male erzählt. Was jedoch jetzt ergänzend hinzukommt, ist, dass ich während solch einer Dissoziation nicht nachdachte, sondern lediglich handelte. Ich war wie ein Roboter, der das tat, was sein Baumeister, der ihn erschaffen hatte (also Cedric), ihm befahl. Im Funktionieren-Modus zeigte ich mich Cedric gegenüber absolut hörig. Hätte er mir gesagt, dass ich von einem Hochhaus springen sollte und er mich unten auffangen würde … ich hätte es getan. Alles, was er sagte, mir vorschrieb oder von mir verlangte sah der Funktionieren-Modus als richtig an. Ziel war es nicht zu denken, nicht nachzufragen, nicht zu fühlen, Schmerzen zu vermeiden und zu funktionieren. Anfangs schaltete sich der Funktionieren-Modus nur dann an, wenn ich es brauchte, doch über die Jahre hinweg hatte Cedric mir eine zusätzliche Funktion beigebracht. Um mich besser zu kontrollieren, konnte er mich auch punktgenau dazu bringen, zu funktionieren. Er hatte sozusagen eine Gebrauchsanweisung von mir.

„Geht es dir nun besser?“, fragte eine freundliche, weibliche Stimme.

Ich kuschelte meine Knie noch enger an meinen Oberkörper und presste mein Gesicht gegen meine Unterschenkel. Ich wollte niemanden sehen und erst recht mit niemanden reden, doch das schien die Frau nicht zu verstehen. Sie lief um mich herum und betrachtete mich von oben.

„Mir hilft es immer, meine Wut rauszuschreien. Danach fühle ich mich meistens befreit.“

Warum konnte mich nie jemand in Frieden lassen? Wieso gaben alle jedes Mal vor, sie würden wissen, wie ich mich fühlte, und was mir half?

„Ich kann nachvollziehen, dass das heute ein heftiger Tag für dich war, und es dir nicht gut geht.“

Ich öffnete meinen Klammergriff ein wenig, um die Frau über mir anzuschauen. Es war die Psychologin, die mich beim letzten Klinikaufenthalt dazu überreden wollte auf ihrer Station eine stationäre Therapie zu machen. Offensichtlich hatte sie jetzt ihr Ziel erreicht. Ich befand mich auf einer psychiatrischen Station und führte mich auf wie eine Irre. Was wollte sie mehr?

„Sie wissen überhaupt nicht, wie ich mich fühle! Für Sie bin ich doch bloß eine geisteskranke Gestörte!“

Die Psychologin seufzte: „Wenn ich das von dir denken würde, dann würde ich mir garantiert nicht die Mühe machen, mit dir ein Gespräch zu suchen.“

Ich igelte mich ein weiteres Mal zusammen. Von mir aus konnte sie mich alleine lassen. Ich hatte keinen Bedarf mich mit ihr zu unterhalten.

„Möchtest du aufstehen, oder bleibst du am Boden liegen?“

Keine Reaktion von mir. Nicht einmal ein Achselzucken.

„O. k., dann komme ich zu dir auf den Boden."

Ich hörte, wie sich neben mir auf dem Boden setzte. Nach einer kurzen Pause, in der sie sich im Raum umblickte, meinte sie: „Ziemlich bescheidener Ausblick von hier unten."

Versuchte sie etwa, witzig zu sein? Ich verstand gar nicht, wieso ich ihr überhaupt zuhörte. Ich wollte sie komplett ignorieren, doch aus irgendeinem Grund konnte ich ihre Worte nicht ausblenden. Sie machte mich wütend und zeitgleich gab sie mir Hoffnung. Ich stieß sie von mir weg, wollte, dass sie ging, doch sie blieb. Vielleicht könnte sie mir helfen? Aber war mir überhaupt noch zu helfen? Ich begann zu weinen.

„Ich habe sie umgebracht … Ich habe sie getötet."

Neben mir raschelte es. Die Psychologin schien ihre Sitzposition zu ändern.

„Wen hast du umgebracht?"

„Ich bin an allem schuld."

„Woran bist du schuld?"

„An allem."

Schon wieder hatte sich mein Mund selbstständig gemacht, ohne dass ich es ihm erlaubte. Ich sollte und durfte nicht reden – und doch tat ich es immer wieder. Unbewusst und unkontrolliert. Wo war meine Selbstkontrolle hin? Ich biss mir fest auf die Unterlippe, um zu verhindern, dass noch weitere Wörter aus meinem Mund heraussprudelten.

„Wieso sollst du schuld sein? Und woran?", stellte die Psychologin ein zweites Mal ihre Frage, doch der Biss auf meine Unterlippe hinderte mich daran, zu antworten.

Ganze dreimal versuchte sie, mich noch zum Reden zu bewegen, bevor sie mit deprimierter Tonlage verkündete, dass sie mich für heute allein ließ.

„Falls irgendetwas ist, du reden möchtest oder etwas anderes brauchst, ist die gesamte Nacht über jemand im Stationszimmer anzutreffen und ich bin auch die Nacht anwesend. Ich habe 24-Stunden-Dienst bis morgen Nachmittag um 16 Uhr. Ansonsten wäre es schön, wenn du noch etwas für Ordnung im Zimmer sorgst, bevor du ins Bett gehst."

Sie stand auf, verließ den Raum und schloss die Türe hinter sich. Ich blieb bewegungslos, gefangen in mir selbst und in meinen Gefühlen, am Boden liegen.

Ich fühlte mich wie auf hoher See. Ehemals lenkte ich ein prachtvolles, teureres, gut aussehendes Schiff, mit dem ich nur die schönsten Häfen der Welt ansteuerte. Doch dieses Boot gab es schon lange nicht mehr. Es war an Klippen, die wie aus dem Nichts auftauchten, zerschellt. Da ich noch ein junger Kapitän war, fehlte es mir an Erfahrung das Schiff sicher an den plötzlich auftauchenden Problemen vorbei zu lenken. Die Seiten wurden aufgerissen und der Motor zerstört. Gerade so gelang es mir, mich noch rechtzeitig auf ein kleines Rettungsboot zu retten. Seit diesem Tag trieb ich verloren in einem winzigen Schlauchboot auf einem gigantischen Ozean herum. Anfangs besaß ich noch ein Handpaddel, mit dem ich mein kleines Rettungsboot wenigstens ein wenig kontrollieren konnte. Ein Richtungswechsel kostete mich zwar jede Menge Kraft und ohne Karte war es schwer, zu entscheiden, in welche Himmelsrichtung ich paddeln sollte, aber ich hatte wenigstens etwas, woran ich mich festhalten konnte, und das in mir einen

Hauch von Hoffnung aufrechterhielt. Doch von Tag zu Tag zogen stärkere Stürme auf, die Nächte wurden dunkler und die Tage kühler. Ich wurde seekrank, mir fehlte es an Kraft und mit der Zeit schwand auch meine Hoffnung irgendwann an sicheres Land zu kommen. Eines Nachts gab es dann einen so heftigen Sturm, dass ich fast über Bord ging. In letzter Sekunde konnte ich das Schlauchboot noch vor dem Kentern bewahren. Ich schaffte es, mich zu retten, doch bei dem Kampf fiel mein Paddel über Bord. Das, was mir die gesamten Wochen über Halt gegeben hatte, was mich hoffen ließ, war nun weg. Ich drohte zu ertrinken. Hatte es überhaupt noch einen Sinn zu kämpfen? Nein, vermutlich nicht, wäre da nicht ein anderes Boot gekommen. Gefühlt war ich schon halb tot, doch als ich den großen, starken Dampfer am Horizont entdeckte, mobilisierte ich noch einmal all meine Kräfte. Ich schrie, wedelte wild mit den Armen und betete zu Gott, dass mich das große Schiff sehen und retten würde. Und was geschah? Gott erhöhte mein Flehen. Der Kapitän des Dampfers entdeckte mich, steuerte auf mich und mein Rettungsboot zu.

Im ersten Moment freute ich mich wahnsinnig, doch je näher der Dampfer kam, desto mehr Zweifel holten mich ein. Ich fragte mich, ob es ein so miserabler Kapitän wie ich verdient hätte, gerettet zu werden, oder ob es vielleicht besser wäre, mich den Haien zu überlassen, die bereits seit einer Weile um mich herumschwammen und darauf warteten, dass der nächste heftige Sturm mich ins Wasser katapultierte?

Der große Dampfer hielt neben mir und der Kapitän stieg aufs Deck. Er rief zu mir herunter, dass er mir eine Hängeleiter herunterwerfen würde, auf der ich zu ihm hinaufklettern konnte. Anschließend wolle er mich auf das sichere Festland bringen, wo ich wieder festen Boden unter den Füßen, ein warmes Bett zum Ausschlafen und eine anständige Portion leckeres Essen hätte. Ich zögerte. Das alles klang sehr verlockend, aber irgendwie auch angsteinflößend. Die Leiter wurde zu mir heruntergeworfen, ich hätte nur danach greifen müssen, doch meine Hände wollten nicht. Kopfschüttelnd rief ich dem Kapitän zu, dass ich es mir doch anders überlegt hätte. Das wackelige Schlauchboot war mittlerweile zu meiner Heimat geworden. Ich fühlte mich hier wohl. Ich kannte den Nachthimmel, ich wusste, was ich bei Sturm tun musste, wie ich mir die Haie vom Hals hielt … Ich hatte mich an alles gewöhnt, ich war hier zuhause. Am sicheren Festland würde ich nichts mehr kennen. Zu lange war ich schon auf hoher See. Ich wusste gar nicht mehr, wie sich fester Boden unter den Füßen anfühlte. Konnte ich überhaupt ohne das Wanken und dem Geräusch der Wellen einschlafen? Welche Regeln herrschten noch mal auf dem Festland? Dort war alles fremd für mich. Ich könnte dort nicht überleben. Mein Leben war jetzt hier, auf hoher See, in der Wildnis. Ich hatte weniger Angst vor dem täglichen Überlebenskampf als vor der Rückkehr in die normale Welt.

Mit einem lachenden und einem weinenden Auge schaute ich dem Kapitän des Dampfers zu, wie er verständnislos sein großes, prachtvolles Schiff wendete, sich von mir entfernte und mich alleine in meinem kleinen, dem Untergang geweihten Rettungsboot zurückließ …

Ich stand auf, stellte die umgeworfenen Stühle auf und räumte notdürftig die durch meinen Wutausbruch in Mitleidenschaft gezogene Einrichtung zurück auf ihren alten Platz. Anschließend legte ich mich ins Bett und kuschelte mich in die Zudecke. Ich war ein alter Seemann, der wusste, wie man im Sturm und bei Lebensgefahr überlebte, doch die normalsten Alltagssituationen machten mir Angst. Ich kannte ein normales Leben nicht mehr. Ich brauchte das Adrenalin im Blut, um mich zu spüren. So sehr ich mir Hilfe und Unterstützung wünschte, ich konnte sie nicht annehmen. Ein normales, angstfreies, sicheres Leben war etwas, was es in meiner Vorstellung nicht gab. Es fühlte sich fremd an.

21. Kapitel - Alles verloren

Auch in dieser Nacht ließen mich meine Gedanken nicht schlafen. Ich hatte die Wahl: Entweder ich zermürbte mir den Kopf und konnte deswegen kein Auge zumachen, oder ich hörte auf zu denken und begann zu fühlen. Wobei sich keine der Wahlmöglichkeiten wirklich besser oder angenehmer anfühlte. In seinen eigenen Gefühlen zu ersticken, war genauso zerstörend, wie sich totzudenken. Da dachte ich lieber nach, anstatt zu fühlen.

Gegen drei Uhr wachte ich wieder einmal auf. Ich schloss meine Augen, schlief ein, drehte mich von rechts nach links, öffnete meine Augen, schaute auf die Uhr und jedes Mal waren nur wenige Atemzüge vergangen. Die Nacht schien kein Ende zu nehmen. Die längste Schlafdauer bis jetzt waren einmal zwanzig Minuten, in denen ich nicht auf die Zeiger der Uhr blickte. Ansonsten waren es lediglich fünf bis zehn Minuten, die ich vor mich hindösen konnte. Genervt setzte ich mich auf und knipste das Licht an. Die Wände des Zimmers schienen mich zu erdrücken. Ich bewegte mich zum Fenster und versuchte es zu öffnen, doch der Griff hakte. Ernst nach einigen energischen Versuchen, es mit Gewalt aufzureißen, stellte ich fest, dass es nicht hakte, weil es klemmte, sondern, dass es bewusst nicht vollständig geöffnet werden konnte. Ausschließlich Kippen war möglich.

„Was für ein Saftladen ist das hier?“, fluchte ich vor mich hin. „Als wenn ich aus dem Fenster springen würde.“

Durch die gekippte Fensterscheibe drang kaum Frischluft zu mir herein. Der Nachthimmel war dunkel, keine Sterne weit und breit und auch der Mond wurde von dicken Wolken verdeckt. Zu gerne wäre ich jetzt draußen an der frischen Luft. Einfach frei durchatmen und versuchen zu vergessen.

Auf leisen Sohlen schlich ich zur Zimmertür und überblickte den Gang. Ein langer Flur mit zahlreichen Türen. Etwa auf der Hälfte des Korridors befand sich auf der rechten Seite ein großer Glaskasten und davor eine freie Fläche, auf der ein kleiner, runder Tisch mit vier Stühlen stand. Dieser Glaskasten musste das Stationszimmer sein. Mein Zimmer lag im hinteren Drittel des Flures. Schaute ich nach rechts, sah ich nur noch eine Zimmertür neben mir und dann endete der Gang mit einer gläsernen Balkontür. Hier würde ich vermutlich nicht nach draußen gelangen. Diese Tür wäre wahrscheinlich abgeschlossen. Also musste ich an dem Stationszimmer vorbei und weiterlaufen bis ich zu der großen Metalltür am vorderen Ende kam. Diese sah aus wie eine Eingangstür. Ob es auffiel, wenn ich kurz nach draußen ging? Ausführlich suchte ich den Flur ab. Niemand zu sehen. Die Nachtschwester und die Psychologin mussten anscheinend gerade irgendwo anders beschäftigt sein. Hastig schlüpfte ich in meine Hausschuhe und schlich zur Eingangstür. Was ich mir dabei dachte? Nichts. Rein gar nichts. Ich wollte weg von hier, raus an die kühle Nachtluft, durchatmen, nicht eingeengt sein, nachdenken.

Als ich bei der Tür ankam, beschleunigte sich mein Puls. Mein Gewissen flüsterte mir, dass es keine gute Idee sei ohne Absprache die Station zu verlassen, doch ich hörte nicht darauf. Stattdessen griff ich nach der Türklinke, drückte sie nach unten … und musste feststellen, dass die Tür verschlossen war. Ich war eingesperrt! Panisch riss ich am Türgriff. Das Gefühl und das Wissen, hier nicht wegzukommen, löste Angst in mir aus. In meinem Gehirn bastelten sich in Windeseile Horrorszenarien zusammen. Ich sah Cedric, wie er auf mich zukam, und kurz danach die Kapuzenmänner, die in einem Halbkreis um mich herumstanden und geschlossen auf mich zu marschierten. Sie kamen immer näher. Ich hielt meine Arme schützend über den Kopf und kauerte mich in der Ecke neben der Tür zusammen.

„Lucy, was machst du hier?"

Eine mir unbekannte Frauenstimme holte mich zurück in die Wirklichkeit. Ich senkte meine Arme und blinzelte ihr verängstigt entgegen. Keine Kapuzenmänner, kein Cedric, keine Stöcke, niemand, der mich schlagen oder anderweitig verletzen wollte. Puh! Erleichtert atmete ich auf.

„Kann ich dir irgendwie helfen?", fragte die unbekannte Frau, die mittlerweile kurz vor mir stand.

„Ich bin Schwester Johanna, die Nachtschwester für heute."

Eilig richtete ich mich auf. Schließlich sollte sie nicht annehmen, dass ich komplett verrückt war – wobei ich mir aktuell selbst nicht sicher war–, ob ich nicht vielleicht doch durchdrehte. Ich sah Dinge, die nicht da waren, war eingesperrt in einer Psychiatrie, randalierte … Jetzt hatte ich wahrhaftig nicht mehr alle Tassen im Schrank.

„Die Tür ist zugeschlossen", stotterte ich etwas hilflos.

Die Situation überforderte mich.

„Ja, das ist sie", bestätigte Schwester Johanna freundlich.

Sie musste ungefähr Mitte 30 sein, hatte blonde, gelockte Haare, die bis zu ihren Schultern ragten, grüne Augen und trug eine Brille, die ihrem weichen Gesicht eine gewisse Strenge verlieh.

„Die Tür ist nachts immer zugeschlossen. Wieso, wolltest du raus?“

Etwas perplex schaute ich mich um. Ja, was wollte ich hier eigentlich noch mal?

„Keine Ahnung“, stammelte ich.

„Ich glaube, ich wollte ein bisschen an die frische Luft. Mir ist das alles zu eng hier drinnen. Aber hier ist man ja eingesperrt.“

Den letzten Satz betonte ich vorwurfsvoll.

„Also wolltest du nicht ausreißen?“, fragte Johanna nach.

Ich zuckte mit den Achseln. Eindeutig konnte ich diese Frage nicht beantworten. In erster Linie wollte ich lediglich raus hier, doch was ich machen würde, wenn ich draußen war, hatte ich noch nicht überlegt. Gut möglich, dass ich dann weggelaufen wäre.

„Komm, wir setzen uns ein paar Minuten ins Stationszimmer und ich mache dir einen Tee“, wechselte sie das Thema.

Unentschlossen folgte ich ihr. Dabei schaute ich einige Male zurück zur Tür. Es nervte mich, dass sie verschlossen war.

„Du musst anders denken“, durchbrach Johanna meine Gedanken, als wenn sie wüsste, was mich störte.

„Ihr seid nicht eingeschlossen, sondern Menschen, die hier nichts zu suchen haben, sind ausgeschlossen.“

Müde lächelte ich sie an. Tolle Vorstellung, das änderte aber nichts daran, dass ich mich eingesperrt fühlte.

„Du glaubst mir nicht?“, Johanna tat so, als wenn sie empört wäre.

„Das stimmt aber. In all den Jahren, in denen ich hier schon arbeite, habe ich nie einen gefährlichen oder verrückten Jugendlichen kennengelernt. Der größte Teil der Teenager, die hierherkommen, ist vollkommen normal. Sie haben in den meisten Fällen nur zu viel in ihrem zu kurzen Leben erlebt. Sie schaffen es nicht mehr damit klar zu kommen und werden dadurch krank. Aber verrückt oder gestört sind nicht sie, sondern die Menschen, die sie krankgemacht haben. Die sich stark fühlen, wenn sie anderen Leid antun, die lieber draufschlagen, anstatt zu reden, Eltern, die ihre Kinder vernachlässigen, und Leute die Kriege anzetteln. Und die alle sperren wir von unserer Station aus! Somit schaffen wir hier einen sicheren Raum, in dem ihr wieder lernen könnt, wie sich ein glückliches, angstfreies, normales Leben anfühlt."

Unter anderen Umständen hätte ich ihr sehr wahrscheinlich einen Vogel gezeigt und wäre in mein Zimmer verschwunden, doch heute nicht. Ich empfand es als albern, was Johanna da erzählte, aber trotzdem heiterte sie mich damit auch ein wenig auf.

Im Stationszimmer angekommen holte sie aus dem Wasserkocher heißes Wasser, füllte es in zwei Tassen und tunkte Teebeutel hinein. Dann gab sie mir eine Tasse in die Hand und die andere nahm sie sich selbst.

Die Uhr zeigte mittlerweile vier Uhr in der Nacht an, doch ich fühlte mich keinesfalls müde. Zumindest nicht so müde, dass ich schlafen wollte. Denn die Abgeschlagenheit, die ich verspürte, war keine normale Müdigkeit. Ich fühlte mich müde und erschöpft vom Leben. Dagegen half kein Schlaf. Gegen diese Art von Erschöpfungszustand half gar nichts. Nicht einmal die Haut mit Rasierklingen aufzuschneiden, konnte dieses bescheidene Gefühl lindern und mir die Müdigkeit nehmen.

„Wo wolltest du hin, wenn die Tür offen gewesen wäre?“

Ich zuckte zusammen. Ein unerklärbarer Schmerz durchdrang meinen Körper. „Keine Ahnung. Wo geht man hin, wenn einen nichts mehr hält?“

Meine Augen verfärbten sich glasig und ich tauchte ab in Erinnerungen. Vor 24 Stunden wäre für mich noch klar gewesen, wohin ich geflüchtet wäre, doch jetzt? Jetzt, wo es keine Susan mehr gab? Da kam ich mir verloren vor. Alleine auf einer gigantischen Welt. „Ich habe alles zerstört, was mir etwas bedeutet hat. Ich will einfach nur weg. Weg von allem … Es gibt niemanden auf der Welt, den ich mehr hasse als mich selbst.“

„Uff, das sind klare Worte.“

Die Nachtschwester nippte an ihrem Tee.

„Ich hatte alles. Ich war glücklich, hatte eine gute Familie, Freunde und nach und nach habe ich alles verloren. Heute schaue ich in den Spiegel und weiß nicht mehr, wer da überhaupt vor mir steht. Ich kenne mich selbst nicht mehr.“

Ich stellte die noch halb volle Tasse Tee ab.

„Es ist, als wenn Schmutz an mir klebt, der nicht mehr abzuwaschen geht. Ich stehe stundenlang unter der heißen Dusche, aber das viele Blut an meinem Körper verschwindet nicht. Die Schuld haftet an mir. Der Dreck klebt und die Angst erdrückt mich.“

Mit Tränen in den Augen schaute ich sie an.

„Ich kann nicht mehr. Verstehen Sie das? Ich kann nicht mehr! Ich habe keine Kraft mehr zum Kämpfen, keine Kraft mehr zum Lachen, keine Kraft mehr aufzustehen. Ich bin kaputt, tot!“

Weinend sackte ich in mich zusammen. Das erste Mal hatte ich das ausgesprochen, was ich tatsächlich fühlte. Die Nachtschwester rollte mit ihrem Drehstuhl näher an mich heran und streichelte sanft mit ihrer Hand über meinen Oberarm. Normalerweise hasste ich es, angefasst zu werden, doch die Berührung tat in diesem Augenblick gut. Es tat gut auch mal schwach zu sein; zu sagen, dass mir alles zu viel wurde und nicht zwanghaft zu versuchen, so zu tun, als wenn alles in bester Ordnung wäre.

In dieser Sekunde machte ich den ersten bedeutenden und – im Endeffekt –, auch entscheidenden Schritt in die richtige Richtung. Ich verstand, dass ich mich an einem Abgrund befand, und dass ich nur noch wenige Chancen hatte, mein Leben zu verändern. Mein Zustand war eine tickende Zeitbombe. Ich hatte schon viel zu lange versucht, stark zu sein und über den Dingen zu stehen; ich konnte nicht mehr. Ich brachte mich selbst um, wenn ich so weitermachte. Mir lief die Zeit davon.

„Versuche es mal anders zu sehen: Wenn man alles verloren hat, dann hat das ab und zu auch Vorteile. Man braucht keine Angst mehr vor Entscheidungen zu haben. Man kann auf volles Risiko spielen. Schließlich kann man nur gewinnen. Außerdem glaube ich nicht, dass du alles verloren hast. Einiges vielleicht, aber den größten Teil hast du nur verlegt und weißt nicht mehr, wo du es findest. Und nur weil man vergessen hat, wo etwas ist, heißt das nicht zwangsläufig, dass man es für immer verloren hat“, versuchte die Nachtschwester mich aufbauen.

Doch dieser Versuch kam nur halbherzig bei mir an. Zumindest momentan konnte ich mit den Worten nichts anfangen. Ich lag begraben unter Schuttbergen, die vor langer Zeit mal ein glückliches Leben darstellten. Schuldgefühle und Angst lasteten auf meinen Schultern und machten mir das Weitergehen unmöglich.

Gegen fünf Uhr überkam mich dann doch die Müdigkeit. Ich begab mich zurück auf mein Zimmer, legte mich ins Bett und tauchte ab ins Land der Träume. Drei Stunden lang dachte und fühlte ich nichts. Ein Zustand, der für mich unbeschreiblich schön ist. Doch dann wurde ich durch lautes Gerede und Lachen auf dem Gang geweckt. Genervt zog ich mir das Kissen über den Kopf. Durch das viele Weinen und den Stress herrschte ein unangenehmer Druck in meinem Kopf. Ich grummelte aus Missgunst. Jedes Mal, wenn ich dachte, dass es nicht schlimmer werden konnte, kam es trotzdem schlimmer. Irgendwann musste dieser ständige Fall nach unten doch aufhören. Es klopfte an die Tür.

Genervt antwortete ich „Nein“, doch das interessierte die Person vor der Tür nicht. Ich hörte, wie die Klinke betätigt und die Tür geöffnet wurde.

„Guten Morgen Lucy, es gibt Frühstück, wenn du etwas essen willst, musst du aufstehen.“

Der Stimme nach, musste es eine junge Frau sein, die mit mir sprach. Sehen konnte ich sie durch das Kissen, das über meinem Gesicht lag nicht. Und das wollte ich auch gar nicht. Nachdem sie gegangen war, entfernte ich schwungvoll das Kissen und seufzte laut. Draußen, vor dem Fenster schien die Sonne, auf dem Flur wurde gelacht, alle scheinen gut gelaunt …

was für ein bescheidener Tag! Ich war kaum fünf Minuten wach und schon stiegen mir erneut Tränen in die Augen. Die Ereignisse von gestern, alles, was geschehen war, und der Gedanke, dass ich nun in einer psychiatrischen Klinik festsaß, fühlten sich unwirklich an.

Es fiel mir schwer, zu glauben, dass ich Susan nie wiedersehen würde. Ich schloss meine Augen und versuchte, sie mir vor meinen inneren Augen vorzustellen – vergeblich. Ich wusste nicht mehr, wie sie aussah! Ihr Geruch, der mir sonst immer in den Sinn kam, wenn ich an sie dachte, war weg, das Gefühl, wenn ich ihr Fell berührte, war weg, und ihr freudiges Brummeln, wenn ich die Stallgasse betrat und sie mich entdeckte, war ebenfalls weg. Meine Erinnerung war wie ausgelöscht. Sie war kaum 24 Stunden tot und schon hatte ich sie vergessen! Das Einzige, was in meinem Gedächtnis blieb, war ihr panischer Blick und die Bilder, wie sie kurz vor ihrem Tod einen Krampfanfall erlitt. Das, was ich auslöschen und vergessen wollte, hatte sich eingebrannt und das andere, die schönen Erinnerungen, schienen verschwunden.

Wieso tat mein Kopf mir das an? Wieso tat CEDRIC mir das an? Er war mein Freund, ich hatte ihn geliebt – oder liebte ihn noch, so genau wusste ich das derzeit nicht –, ich tat alles für ihn und was unternahm er? Er nahm mir alles! Alles, was auf irgendeine Weise eine Bedeutung für mich hatte, zerstörte er. Er wollte mich leiden sehen. Mich Stück für Stück zerstören. Er nahm mir alles, was mir lieb und teuer war, außer mein eigenes Leben. Denn würde er mich umbringen, wäre es mir erstens egal und zweitens würde ich dann nicht mehr leiden. Das wäre zu einfach, zu unspektakulär.

Ich wickelte mich fest in die Zudecke ein und drehte mein Gesicht zur Wand. Hatte ich Susan umgebracht? Ja, es fühlte sich für mich so an. Ich hatte ihr zwar nicht das Gift gegeben, aber dennoch überhäuften mich Schuldgefühle. Ich kam mir verantwortlich vor. Doch neben diesen Gewissensqualen herrschte auch noch ganz viel Hass in mir. Abgrundtiefer Hass. Selbsthass, der Wunsch mich selbst auszulöschen und noch etwas Neues, ein mir unbekanntes Gefühl: Rache. Noch nie zuvor hatte ich das Bedürfnis Rache zu nehmen. Meine Wut und mein Hass richteten sich grundsätzlich ausschließlich gegen mich selbst, doch das änderte sich nun. Ich verspürte einen enormen Hass auf Cedric. Dieser Hass war nicht größer als mein Selbsthass, doch er kam ihm verdammt nahe. Wäre ich gestern Cedric begegnet, wäre ich ihm noch absolut hörig gewesen, ohne mit der Wimper zu zucken, hätte ich mich ihm untergeben, doch heute? Ich wusste nicht, wie ich auf ihn reagieren würde. Hätte ich ein Messer in der Hand, könnte ich nicht ausschließen, dass ich ihn töten würde …

In meinem bisherigen Leben und auch in der Zeit danach hatte ich nie den Gedanken, jemand anderen außer mir zu verletzen oder gar zu töten. Ich hätte niemandem ein Haar krümmen können, doch Cedric hatte mich an einem Punkt verletzt, der mich kalt werden ließ. Bei ihm wäre ich vielleicht zu einer Mörderin geworden. Vielleicht? Ja, da ich nicht einordnen konnte, ob ich es tatsächlich geschafft hätte zuzustechen, wenn er vor mir stand. Der Gedanke, ihm gehorchen zu müssen, ihm nicht widersprechen zu dürfen und die Angst einen Fehler zu begehen, und bestraft zu werden war ziemlich identisch stark, wie der Wille ihn zu töten, damit ich endlich zur Ruhe kommen konnte.

Ich weiß, dass Rache nichts wieder gut oder rückgängig machen kann, aber das kann es eine Entschuldigung oder eine Haftstrafe auch nicht. Es gibt nichts, was es ungeschehen macht. Es gibt keine gerechte Strafe, die etwas Ungerechtes gerecht werden lässt. Der Gedanke, ihn zu erstechen, beruhte auch weniger darauf Susans Tod zu rächen, sondern es war vielmehr der Gedanke, beziehungsweise der Versuch für mich abzuschließen, der mich solch skrupellose Pläne aushecken ließ. Der Wille, wieder angstfrei Leben zu können. Der Wunsch „vergessen" zu können. Denn wie kann man vergessen, wenn man jeden Tag Angst haben muss, erneuten Schmerz zu erleben? Wie kann man ruhigen Gewissens einschlafen, wenn man weiß, dass man nicht sicher ist oder die Täter sich gerade an einem anderen Mädchen vergreifen? Wie kontrolliert man seine Wut? Wo lässt man seinen Hass raus? Welche Strafe wünscht man sich für jemanden, der einem das Leben genommen hat?

Wünsche ich Cedric, dass er genau dasselbe erlebt, was ich durchlebt habe? Nein, so eiskalt bin ich nicht. Das wünsche ich niemanden. Nicht einmal ihm! Ich würde mir vielmehr erbitten, dass er sich anschaut, und begreift, was er getan hat, dass er versteht, was er mit seinem Tun anrichtet. Und dass er damit aufhört Mädchen und junge Frauen zu vergewaltigen. Das ist im Angesicht dessen, was er mir angetan hat, ein sehr kleiner Wunsch, aber wie erwähnt: Es gibt keine Strafe, die es für mich ungeschehen macht oder das Ungerechte gerecht werden lässt. Töten würde ich ihn nur, wenn er noch einmal versucht, mir wehzutun. Und damit meine ich nicht, mich zu schlagen oder mich zu vergewaltigen, das tut mir nicht mehr weh. Sondern wenn er Menschen, oder Tieren, die mir etwas bedeuten, etwas antut; dann werde ich unberechenbar.

Denn diese Menschen oder Tiere haben nichts mit der Sache zu tun. Wenn er sie verletzt oder gar Schlimmeres mit ihnen macht, dann gibt es keine Worte mehr für den Hass, den er dadurch in mir auslöst. Dieser Hass lässt mich Dinge machen, die ich mich unter andern Umständen nie trauen würde, und die ganz gewiss ihr eigentliches Ziel meilenweit verfehlen. Wieso? Weil mich dieser Scherz, den er damit in mir auslöst nicht schwach macht, sondern unkalkulierbar. So wie Susans Tod. Sein Ziel war es, mich an meinem verwundbarsten Punkt zu treffen und mich damit zu bestrafen. Er wollte mich leiden sehen, eventuell in den Suizid treiben, zum Schweigen zwingen, mir Angst machen. Doch das alles erreichte er nur kurzzeitig. Ja, ich lag am Boden, er fügte mir den schlimmsten Schmerz meines Lebens zu, er zerriss mein Herz, er nahm mir alles …, aber er verlieh mir dadurch auch unbewusst Stärke. Ein Mensch, der alles verloren hat, ist nämlich nicht schwach, sondern besitzt einen Vorteil: Er hat nichts mehr zu verlieren. So wie es mir Schwester Johanna in der Nacht erklärt hatte. Und wenn man nichts mehr zu verlieren hat, trifft man Entscheidungen anders. Man hat keine Angst mehr davor, etwas falsch zu machen, man fürchtet sich nicht mehr, durch einen Fehler etwas einzubüßen, sondern man traut sich einfach. Dieser Vorteil wurde mir an diesem Morgen langsam bewusst. Die Angst, Cedrics Befehlen Folge leisten zu müssen, verschwand zwar nicht, sie blieb gleich, aber die Angst durch einen Fehler Susan in Gefahr zu bringen, war weg. Er hatte mich nicht mehr komplett in der Hand. Ihm fehlte das „Erpressungsmittel", für das ich alles tat. Er wollte mit der Vergiftung der Stute, meine Angst vor ihm und seinem Handeln schüren, was ihm auch gelang, doch als Nebenprodukt erzeugte er damit auch diese unsagbare Wut in mir, die ihm schlussendlich das Genick brechen würde.

In Gedanken stach ich mit einem großen Küchenmesser immer wieder und wieder auf ihn ein. Er bettelte um Erbarmen, doch ich hörte nicht auf damit. Ein kurzes Lächeln huschte über meine blassen Lippen. Ich wusste, dass sich dieses Szenario bloß in meinen Gedanken abspielte, aber es gefiel mir dennoch. Er konnte mir – zumindest für den aktuellen Moment –, keine Angst einjagen. Besser gesagt: Keine Angst, die mich lähmte oder handlungsunfähig machte.

Während ich ins zimmerinterne Bad stolperte, schaltete sich mein Kopf in den „Funktionieren-Modus". Nachdenken war derzeit nicht erwünscht. Denken oder fühlen würde mich nur skeptisch stimmen, und das konnte ich nicht gebrauchen. Mit kaltem Wasser im Gesicht versuchte ich, meinem müden Körper Leben einzuhauchen. Ich hatte einen Plan, eine Idee. Würde meine Angst mich nicht lähmen und meine Selbstzweifel mich nicht erdrücken, dann hatte ich eventuell eine Chance. Ich blickte in den Spiegel. Ein trauriges Mädchen, mit eingefrorenem Blick, blasser Haut und dunklen Ringen unter den Augen starrte zurück. Ihre Augen sahen hilfesuchend und verzweifelt aus. Ich atmete tief durch, sie tat es mir gleich. „Ich schaffe das", sagte ich zaghaft zu ihr. Ein Hauch von einem Lächeln zeigte sich in ihrem Gesicht. Sie schien mir nicht zu glauben. „Ich schaffe das", wiederholte ich selbstsicherer und energischer. Dieses Mal entdeckte ich eine Spur von einem Funkeln in ihren Augen. Ihre Miene wurde etwas optimistischer.

Selbstsicher verließ ich das Bad und schlurfte in Richtung Zimmertür.

Obwohl es weniger als fünf Meter Strecke waren, verschwanden auf diesem kurzen Weg meine Zuversicht und mein Mut. Ich stand vor der Tür, wollte sie öffnen, doch meine Hand weigerte sich nach der Klinke zu greifen. Mein Arm ließ sich nicht bewegen. Eine gefühlte Ewigkeit stand ich regungslos vor der Tür und kämpfte mit mir selbst. Ich wollte, doch ich konnte nicht. Ich zwang mich, stark zu sein, doch die Überwindung kostete mich mehr Kraft, als ich besaß. Notgedrungen musste ich einen Rückzieher machen. Zusammen mit selbstvernichtenden Gedanken zog ich mich auf mein Bett zurück. Wieso schaffte ich es nie, über meinen Schatten zu springen? Wieso musste jeder Versuch scheitern? Wieso war ich immer eine elendige Versagerin?

Ohne es bewusst wahrzunehmen, begann ich mir mit den Fingernägeln die frisch verheilten Selbstverletzungsnarben auf dem linken Unterarm aufzukratzen. Ich musste meinen Frust und der inneren Anspannung Luft machen. Erst als die ursprünglich fast verheilten Schnitte anfingen zu bluten, wurde mir klar, was ich da gerade tat. Mein Zorn steigerte sich noch weiter. Ich hatte wahrhaftig überdurchschnittliches Talent dafür, aus Kleinigkeiten gewaltige Probleme zu zaubern! Ich musste nur die Tür öffnen, einer Schwester mitteilen, dass ich reden wollte und dann meinen Mund aufmachen. Das konnte doch nicht so schwer sein, oder? Normalerweise nicht. Für „normale“ Menschen zumindest nicht – doch für mich schon. Ich war ja schließlich nicht normal. Ich konnte mich nicht normal Verhalten, ich musste mich nämlich in alles hineinsteigern.

Gedanklich kämpfte ich. Ich trug einen bitterlichen Kampf zwischen Selbstzweifeln und dem Wunsch endlich etwas zu ändern aus. Bevor meine Aggressionen jedoch noch mehr gegen mich selbst gehen konnten, fasste ich einen felsenfesten Entschluss. Ich biss mir auf die Unterlippe, peilte kurz die Tür an, stellte mich auf, atmete durch, ging zügigen Schrittes auf die Tür zu, schloss meine Augen, verstärkte den Biss auf meine Lippe, hielt die Luft an und öffnete die Tür. Ohne einen Gedanken oder ein Gefühl zuzulassen, marschierte ich mit nun wieder mit offenen Augen zum Schwesternzimmer. Ich wagte es nicht nach rechts oder nach links zuschauen. Jede Ablenkung könnte mich von meinem Ziel abbringen.

An der Tür des Schwesternzimmers angekommen, wartete ich nicht, bis mich jemand anschaute oder mir zuhörte, sondern sprach direkt los. Dass ich damit ein Übergabegespräch zwischen zwei Schwestern, die Frühdienst hatten, störte, war mir hierbei egal. Für mich war klar: Jetzt oder nie!

„Ich will … muss … reden. Er … Polizei … Susan … Tot … Ich … Schuld!“, stotterte ich los.

Mein Herz schlug so schnell, dass ich fürchtete umzukippen. In meinem Kopf herrschte solch eine Leere, dass es mir nicht einmal gelang, einen einzigen klaren Satz zu formulieren. Verwirrt starrten mich die zwei Schwestern an. Ich spürte, wie sich mein Gesicht rot färbte. Mir war die Situation peinlich.

Meine Beine wollten wegrennen, um das zu verhindern, krallte ich mich mit den Fingern an dem Türrahmen fest. Ich musste sehr ungewöhnlich ausgesehen haben.

„Das ist die Neuaufnahme von gestern aus Zimmer acht“, erklärte die eine Schwester der anderen, die mich streng musterte und dabei die Augenbrauen nach oben zog.

„O. k., und was will sie?“, erkundigte sich die autoritär aussehende Schwester.

Ich wusste, dass sie über mich sprach, und empfand es als seltsam, dass sie anscheinend nicht mich, sondern ihre Kollegin fragte, was ich von ihnen wollte. Zu gerne wäre ich in diesem Moment im Erdboden versunken. Ich wollte weg, ich hatte Angst, doch ich war schon so weit gekommen, ich musste es jetzt durchziehen. Ich durfte nicht gehen.

„Ich … Ich brauche … Ich will …“, stammelte ich weiter.

Verdammt, wieso kamen nur zusammenhangslose Wörter aus meinem Mund?

„Was möchtest du?“, fragte die netter wirkende Schwester.

Ich überlegte, atmete tief durch und versuchte mir die Worte zurechtzulegen. Doch meine Angst dominierte zu stark. Meine Zunge war wie gefesselt. Vor meinem geistigen Auge sah ich Cedric, wie er mit einem erhobenen Stock vor mir stand, die Zähne zeigte und mich anfauchte. Ein Wort, und der Stock würde auf meiner Haut auftreffen und an meinen Knochen zerbrechen. Ich schüttelte energisch den Kopf, um diese Bilder loszuwerden, und murmelte leise.

„Nichts. Ich wollte nichts.“

Nun schauten mich die beiden Schwestern noch verwirrter an als zuvor. Sie schienen mein Verhalten nicht zu verstehen, was ich ihnen nicht verübeln konnte. Ich verstand mich selbst nicht. Ich stand meinem Ziel so nahe, und machte doch wieder einen Rückzieher. Mit gesenktem Kopf wand ich mich von der Eingangstür des Schwesternzimmers ab und schlurfte zurück in mein Zimmer.

„Warte“, rief mich die streng wirkende Schwester zurück. „Wenn du schon mal hier bist, dann kannst du auch gleich deine Medikamente nehmen.“

Ich blieb stehen und drehte mich zu ihr um.

„Ich bekomme keine Medikamente.“

„Doch, die Ärztin hat dir Antidepressiva verordnet.“

Ich schnaufte aus Protest.

„Nein. Ich nehme keine Tabletten und ich bin auch nicht depressiv.“

Scharf musterte mich die Schwester. Inzwischen war sie aufgestanden und stand nun im Türrahmen.

„Aha, du bist also vollkommen grundlos hier gelandet?“

Ich schnaufte erneut. So eine unsympathische Frau!

Ich biss meine Zähne aufeinander und fauchte: „Ich bin NICHT depressiv und ich bin auch nicht psychisch krank.“

Sie lächelte mich überheblich an. Ihr Blick wirkte provozierend auf mich und vielleicht wollte sie mich auch provozieren.

„Mein Leben ist krank, nicht ich“, entgegnete ich wütend.

Ihre Überheblichkeit mir gegenüber machte mich aggressiv. Sie lachte laut auf.

„Alles klar. Ich gebe das so an die behandelnde Ärztin weiter. Mal sehen, was die dazu sagt.“

Mit einer Mischung aus Wut, Zorn, Traurigkeit und Selbsthass zog ich mich in mein Zimmer zurück. Ich war enttäuscht von mir selbst, dass ich es nicht geschafft hatte über meinen eigenen Schatten zu springen und genervt von der unfairen Reaktion der einen Krankenschwester. Die eine wirkte ja ganz nett, aber die andere verhielt sich einfach nur unfair. Sie hörte mir nicht zu, stempelte mich ab und sortierte mich in eine Schublade ein, in die ich gar nicht hineingehörte.

Wie schon so oft in meinem Leben wurde über mich und mein Verhalten geurteilt, ohne den Grund zu erfragen.

Nervös lief ich von einer Ecke des Zimmers in die andere und wieder zurück. Stetig auf und ab. Wie ein Tiger in einem Käfig. Bei jedem Richtungswechsel erhöhte ich mein Tempo, bis ich irgendwann bei einem Laufschritt ankam. Was tue ich hier eigentlich? Weglaufen. Weglaufen vor mir selbst. Ich bin irre! Außer Puste setzte ich mich auf die Bettkante und begann hektisch an meinem Arm zu reiben. Ich wollte mich beruhigen, doch ich konnte nicht. Zu viel Strom floss in meinem Innern. Zu viel Energie. Zu viel negative Energie. Es klopfte an der Tür. Ich versuchte, mich zusammenzureißen, ich wollte nicht, dass mich jemand in diesem labilen Zustand sah. Doch das gelang mir nur notdürftig. Die Psychologin kam herein. Mit einem Klemmbrett in der Hand, freundlich lächelnd.

„Guten Morgen Lucy, ich wollte mit dir reden. Hast du Zeit?"

Was für eine doofe Frage! Natürlich hatte ich Zeit. Wenn ich eines in diesem „Gefängnis" im Überfluss hatte, dann war es Zeit! Raus konnte ich nicht, reden traute ich mich nicht, mich selbst hassen brachte mich nicht weiter … Ich nickte. Die

Psychologin holte sich den Stuhl vom kleinen Tisch, platzierte ihn mir gegenüber und setzte sich darauf.

„Ich habe gehört, dass du nicht beim Frühstück warst, und vorhin beim Stationszimmer irgendetwas fragen wolltest, aber dann doch wieder gegangen bist. Stimmt das?"

Ich wich ihrem Blick aus. Mir wurde heiß. Unwahrscheinlich heiß. Meine Hände begannen zu schwitzen, meine Atmung beschleunigte sich, und meine Muskeln spannten sich an. Jetzt hatte ich die Chance. Jetzt konnte ich reden. Oder auch nicht … Meine Zunge war wie verknotet und mein Kopf leer gefegt. So wie vorhin. Ich stand schon mehrfach an ähnlichen Punkten. In der Vergangenheit hatte ich schon häufiger das Bedürfnis und den Wunsch mein Geheimnis zu offenbaren, doch jedes Mal schreckte ich kurz davor zurück. Die unsichtbaren Fesseln, mit denen Cedric mich festhielt, waren zu stark. Doch nie zuvor war ich so weit wie jetzt. Noch nie zu vor fühlte ich mich in meinem Vorhaben so sicher. Noch nie zuvor wog der Wunsch, allem ein Ende zu setzen, so schwer. Aber noch nie zuvor war auch die Angst einen Fehler zu begehen, so gewaltig groß … Ich fühlte mich hin und hergerissen.

„Wolltest du mit mir reden, als du im Stationszimmer standst?", fragte die Psychologin.

Mein Herz pochte und mein Gehirn fühlte sich an, als wenn es gleich wegfliegen würde. Mein gesamter Körper wurde wie schwerelos. Lediglich mein Brustkorb und die Atmung empfand ich als ungewohnt schwer und eng. Mein Kreislauf drohte durch den Stress zu kollabieren. Ich versuchte, mich zur Ruhe zu zwingen.

Jeder, der schon einmal mit Höhenangst auf einem 10-Meter-Brett im Schwimmbad gestanden hat, weiß wahrscheinlich wie viel Überwindung es kostet, dort oben zu stehen, an den Rand zu gehen und nach unten zu schauen. Das ist eine Herausforderung. Und noch schwieriger ist es, am Ende zu springen. Ich stand nun auf einem 10-Meter-Brett und hatte höllische Höhenangst. Meine Beine zitterten, ich bekam kaum noch Luft und vor mir lief eine Uhr ab. Ich hatte nicht mehr lange Zeit, mir zu überlegen, ob ich sprang oder den Versuch zu springen, abbrach.

Hinter mir stand Cedric mit einer warmen Decke. Wenn es mir nicht gelingen würde, mich zu überwinden, dann konnte ich immer noch in seine schützende Arme zurückgehen. Er würde mich festhalten, sicher aus dieser äußerst unangenehmen Situation herausführen, mich zurück auf den Boden bringen und für mich sorgen. Als Dank dafür müsste ich weiter meinen Körper verkaufen und mich schlagen und quälen lassen. Alles würde beim Altgewohnten bleiben.

Sollte ich springen, müsste ich erst einmal den Flug und anschließend den harten Aufprall überleben. Aus dieser Höhe konnte das eigentlich weiche Wasser beim Auftreffen so fest wie Beton werden. Würde ich falsch aufkommen, wäre ich schwer verletzt, gelähmt oder vielleicht sogar tot. Außerdem wusste ich nicht, ob ich überhaupt schwimmen konnte. Ich war solange schon nicht mehr geschwommen, dass ich gar nicht wusste, ob ich den Kopf noch über Wasser halten konnte. Des Weiteren war ich mir ziemlich sicher, dass das Wasser unter mir eiskalt sein würde. Es wäre nicht beheizt und vielleicht lebten dort sogar bedrohliche Tiere, die mich attackierten, wenn ich zu ihnen kam. Es war gefährlich, zu springen. Lebensgefährlich!

Ungeduldig schaute mich die Psychologin an. Sie hatte keinerlei Ahnung davon, was in meinem Kopf ablief.

„Wenn du nicht mit mir redest, dann muss ich wieder gehen. Ich habe noch andere Patienten, mit denen ich heute Morgen sprechen muss."

In meinem Kopf nahm ich das Ticken des Countdowns wahr. Ich musste mich entscheiden. Der Sprung ins Ungewisse oder die Flucht zurück in das vertraute Muster aus Selbsthass, Zwangsprostitution und Gewalt. Ich fühlte mich unfähig mich zu bewegen oder gar etwas zu sagen. Ich bekam mit, wie die Psychologin sich Notizen auf ihrem Klemmbrett machte, seufzte und aufstand. Sie hob den Stuhl an und stellte ihn auf den ursprünglichen Platz zurück. Sie gab mich auf. Tränen stiegen mir in die Augen. Ich hatte Angst, panische Angst, aber was fürchtete ich mehr? Das Cedric mich irgendwann umbrachte oder dass ich als unglaubwürdig galt und als verrückt erklärt wurde? Ich saß schon in der Psychiatrie, mein heiß geliebtes Pferd war tot, ich sah aus wie ein Häufchen Elend … was sollte noch passieren? Was wollte er mir noch antun? Ich hatte nichts mehr zu verlieren. Er hatte nichts mehr, mit dem er mich unter Druck hätte setzen können. Ich war ihm überlegen. Nicht kräftemäßig, aber auf eine andere Weise. Er hatte keine Möglichkeit mehr, mich zu ängstigen. Ich hatte zwar weiterhin Angst vor ihm, aber keine Angst mehr, dass es beschwerlicher werden konnte, als es das jetzt schon war. Egal, was ich unternahm: Das Schlimmste, was passieren könnte, war, dass es so blieb, wie es aktuell war. Wie heißt es so schön: Wer kämpft, kann verlieren – wer nicht kämpft, hat schon verloren.

Ich kratzte meinen restlichen Mut zusammen und rief die Psychologin, die bereits die Tür geöffnet hatte und gerade gehen wollte, zurück.

„Warten Sie!"

Verwundert blieb sie in der Bewegung stehen und drehte sich zu mir um.

„Susan ist nicht einfach so gestorben."

Die Psychologin senkte ihren Kopf zu Boden und schloss die Tür wieder.

„Lucy, ich verstehe, dass der Verlust deines Pferdes nicht einfach für dich ist …" „Nein, Sie begreifen es nicht!", unterbrach ich ihre Antwort.

Ich wusste, was sie vorhatte, aber sie hatte unrecht. Ich kannte die Wahrheit.

„Susan ist nicht einfach so gestorben. Sie wurde vergiftet."

„Es war ein Unfall."

„Nein, es war Mord!"

Meine Angst wechselte in Wut. Ungläubig schüttelte sie zaghaft ihren Kopf. Kurz schien sie zu überlegen, mir zu widersprechen, und kurz drängten sich auch mir Zweifel auf, ob mir jemals irgendjemand glauben würde. Schließlich konnte ich es selbst nicht fassen, was ich alles erlebt hatte. Doch dann holte sie sich erneut den Stuhl vom Tisch und setzte sich an ihren alten Platz zurück.

„Wer sollte ein Interesse haben ein Pferd zu vergiften?"

Ich schluckte. Obwohl diese Frage völlig normal war, brachte sie mich aus dem Konzept. Wo sollte ich beginnen zu erzählen? Am Anfang? Wo war der Start?

„Jemand, der will, dass ich schweige?", antwortete ich zögerlich mit einem fraglichen Unterton.

Ich war mir dieser Aussage nicht sicher. Cedrics Namen wollte ich nicht – oder noch nicht –; nennen. Aus der Mimik der Psychologin konnte ich deuten, dass sie skeptisch war, was meine Erzählungen betraf. Innerlich kämpfte ich gegen meine Selbstzweifel, die mich dazu überreden wollten, doch lieber zu schweigen, da mich sowieso niemand ernst nehmen würde. Ich war ein Nichtsnutz, eine Lügnerin und eine Versagerin, der kein Mensch Glauben schenken würde. Ein Kind. Das hatten mir Cedric und meine anderen Peiniger oft genug eingetrichtert.

„Es gibt jemanden, der will, dass ich schweige und der mir Angst machen will", erzählte ich mutig weiter und nahm somit den aufkommenden Zweifeln die Kraft, mich zum Schweigen zu bringen. „Ich weiß auch nicht, wann alles angefangen hat … Es war zu viel. Die letzten Jahre meines Lebens fühlen sich an wie ein Traum, ein Albtraum."

Ich begann zu weinen.

„Ich kann mich an vieles nicht mehr erinnern. Ich schaue in den Spiegel und weiß nicht, wer mir da entgegen schaut. Es gibt Männer, die wollen Dinge von mir, die ich nicht will. Sie sagen mir, dass es Liebe ist, aber tut Liebe wirklich so weh?"

Ich schluckte.

„Die sind alle schon erwachsen und ich bin doch noch ein Kind. Ich gehe in die Schule, ich möchte Freunde haben, ich will doch einfach nur glücklich sein. Aber diese Männer lassen mich nicht. Sie befehlen mir, meinen Mund zu halten, behaupten, dass das, was sie tun das Normalste und Natürlichste der Welt sei, aber stimmt das? Ich will das doch alles gar nicht?“

Flehend blickte ich in das Gesicht der Psychologin, welches nun von Ungläubigkeit in Überforderung wechselte. In der linken Hand hielt sie das Klemmbrett und mit der rechten Hand den Kugelschreiber, den sie zum Schreiben angesetzt hatte. Jedoch blieb es alleine beim Ansetzen. Sie schrieb nicht. Ihre Augen spiegelten etwas wieder, was schwer in Worte zu fassen war. Ich glaube, ihr erging es wie mir. Sie war genauso geschockt wie ich von dem, was ich da berichtete. Sie hatte vermutlich mit vielem gerechnet. Meine vernarbten Arme und mein Verhalten ließen ja zweifellos erahnen, dass ich keine einfache Vergangenheit hatte, aber mit so etwas Krassem, hatte wohl niemand gerechnet.

Die Atmosphäre im Raum war nach meinen ersten Sätzen schlagartig abgekühlt, fast schon eingefroren.

„Dauert der Missbrauch noch an?“

Ich zuckte mit den Schultern.

„Es ist kein Missbrauch. Ich habe das alles freiwillig getan.“

„Nein. So etwas tut kein Mädchen freiwillig“, unterbrach sie mich.

Ihr Ton klang einerseits mitfühlend, andererseits streng.

„Doch, ich bin selbst daran schuld.“

Sie legte ihr Klemmbrett mitsamt dem Stift neben sich auf den Boden und griff nach meinen Händen. Ich senkte den Kopf.

„Schau mich bitte an.“

Zaghaft schielte ich nach oben.

„Das, was dir angetan wurde oder noch angetan wird, ist nicht rechtens. Kein Mann hat das Recht eine Frau zu vergewaltigen, zu unterdrücken oder zum Schweigen zu bringen. Du bist die Chefin über deinen Körper. Wenn du etwas nicht möchtest, dann hat jeder Mann diesen Willen zu beachten. Liebe tut nicht weh. Niemals!"

Ich wand meinen Blick wieder zum Boden.

„Hast du das verstanden?"

Ich zuckte mit den Achseln. Verstanden hatte ich die Worte, aber ich konnte sie nicht akzeptieren. Für mich war und blieb ich die Schuldige.

„Wann war der letzte Übergriff?"

Erneutes Achselzucken.

„Ungefähr?"

„Vielleicht vor ein paar Tagen. Ich merke mir so etwas nicht."

„Kennst du den Namen der Täter?"

„Vielleicht."

Unsicher fuhr sie sich mit ihrer rechten Hand durch ihr Haar.

„Weiß jemand davon?"

„Nicht direkt."

„Was heißt nicht direkt?"

Achselzucken.

„Der katholische Pfarrer ahnt, glaube ich, etwas."

„O. k., aber bei der Polizei hast du keine Anzeige aufgegeben und deine Eltern wissen auch nichts davon?"

„Nein!"

Meine Tonlage wurde panisch. „Niemand darf davon etwas erfahren!"

Unsicher legte die Psychologin ihre Stirn in Falten.

„Und wie soll ich deiner Meinung nach mit den Informationen umgehen?“

Ich zuckte mit den Achseln und begann zu weinen. Aus Verzweiflung und aus Angst. Einerseits fiel mir durch das Reden eine gewaltige Last von den Schultern und andererseits fühlte es sich falsch an, über Cedric und mein Geheimnis geplaudert zu haben. Ich hatte keine Ahnung, wie die Psychologin damit umgehen sollte. Ich konnte ihre Ahnungslosigkeit verstehen, doch ich hatte keinen Plan, wie es nun weiterging. So weit war das Vorhaben in meinem Kopf noch nie ausgereift. Ich wusste nicht, was ich mir in diesem Moment erhoffte oder erwartete.

„Du musst mich verstehen: Ich kann nicht einfach so tun, als wenn ich nichts von der ganzen Angelegenheit wüsste. Du hast mir gerade mitgeteilt, dass du sexuell missbraucht wurdest. Vermutlich sogar von mehreren Männern. Und,“ das Wort „und“ betonte sie besonders stark, „dass der Missbrauch noch andauert. Wie soll ich deiner Meinung nach reagieren? Ich muss dieses Wissen an die Polizei weitergeben und deine Eltern werde ich ebenfalls einweihen müssen.“

Hektisch schüttelte ich den Kopf.

„Nicht die Polizei und nicht meine Eltern. Bitte. Bitte nicht. ER bringt mich um.“ Meine Stimme klang wie ein klägliches Flehen und die zuvor einzelnen Tränen schlossen sich zu einem kleinen Fluss zusammen.

„Ich muss. Ich habe keine andere Wahl“, entgegnete die Psychologin selbstsicher.

„Er wird dich nicht umbringen. Die Polizei kann dich schützen.“

Mein Gesicht verzerrte sich unter den ganzen Tränen und der Verzweiflung. Ja, Verzweiflung war das richtige Wort für meine aktuelle Gefühlslage. Ich war verzweifelt.

„Die Polizei kann mich nicht schützen. Niemand kann mich schützen. Sie haben keine Ahnung, welche Macht er hat.“

Sanft streichelt mir die Psychologin über die Hand.

„Doch Lucy, das kann ich nachvollziehen. Zumindest ansatzweise. Ich sehe, dass er dich so manipuliert hat, dass du trotz allem zu ihm stehst. Ich kenne deine Krankenhausakte. Wenn dein Aufenthalt letztes Jahr auch durch ihn bedingt war – was ich sehr stark annehme –, dann hat er dich fast totgeschlagen. Und ich nehme ebenfalls stark an, dass er das nicht zum ersten Mal getan hat. Ich vermute, er prügelt dich regelmäßig, er droht dir und er erpresst dich vielleicht sogar. Trotzdem kannst du ihn nicht hassen. Er hat dich durch eine emotionale Abhängigkeit in der Hand. Du weißt, dass er dir schadet, wenn du bei ihm bleibst, und tief in deinem Innern weißt du auch, dass das, was er mit dir macht, falsch ist, aber dennoch fühlst du dich zu ihm hingezogen. Aus psychologischer Sicht kann ich das voll und ganz nachvollziehen und dir auch aufschlüsseln warum das so ist. Menschlich ist es allerdings schwer für mich dieses Verhalten und dein Denken und Fühlen nachzuvollziehen oder gar zu verstehen. Richtig begreifen können das ausschließlich die Menschen, die sich schon einmal in solch einer Lage wie du befunden haben. Und das habe ich zum Glück noch nicht erlebt. Aber ich kann und werde dir helfen. Wenn du es zulässt, können wir all dem ein Ende setzen."

Ich schüttelte erneut den Kopf. Das erste Mal seit einer gefühlten Ewigkeit hatte ich jemanden vor mir sitzen, der verstand, wieso ich so ängstlich war. Die Psychologin wusste, von was sie sprach, und sie hatte recht, aber gleichzeitig hatte sie dennoch keine Ahnung. So einfach, wie sie das alles gerade darstellte, war es bei Weitem nicht! Mein Problem gestaltete sich komplizierter und meine Verzweiflung und meine Angst saßen tiefer. Ich wusste, wie weit Cedric gehen konnte. Ich wusste, dass seine Worte keine leeren Drohungen waren, und ich wusste, dass mir bei der Polizei niemand glauben würde. Ich würde am Ende als Lügnerin dastehen, allen wären gegen mich, niemand konnte mich davor schützen. Ich hatte schließlich schon selbst erlebt, wie der Arzt der Polizei mich unglaubwürdig dastehen lassen hatte. Jedes Wort, was ich von mir gab, wurde umgedreht.

„Vertraust du mir?", fragte die Psychologin vorsichtig.

„Nein. Ich vertraue niemanden. Nicht einmal mir selbst", schluchzte ich und sprach damit die Wahrheit aus.

Sie atmete laut hörbar aus.

„Wenn du gegen jede Hilfe arbeitest, kann man dir nicht helfen. Du hast die Zügel in der Hand. Im Endeffekt können dir Außenstehende lediglich verschiedene Wege aufzeigen, welchen Weg du jedoch wählst oder ob du überhaupt weitergehst, entscheidest alleine du. Und das weißt du auch. Du hast oft genug Menschen in deiner Umgebung auflaufen oder abblitzen lassen."

Nach einer weiteren kleinen Diskussion darüber, wie es jetzt weitergehen sollte, gab ich auf zu widersprechen. Ich musste einsehen, dass die Psychologin handeln musste. Über diese Tatsache war ich mir ja eigentlich auch schon vor dem Gespräch klar. Deshalb hatte ich sie schließlich in mein Geheimnis eingeweiht. Ich wollte Hilfe. Ich brauchte Hilfe. Ich wollte wieder leben, anstatt bloß zu überleben. Ich benötigte Sicherheit und jemanden, der mir aus der Scheiße half, in der ich steckte. Deshalb musste ich etwas ändern.

Glücklicherweise gelang es mir, sie nach einiger Zeit dazu zu überreden, meinen Eltern vorerst keine Details von meinem Geheimnis mitzuteilen. Zumindest nicht solange ich mit der Polizei geredet hatte. Danach wäre es o. k. Jetzt konnte ich meine gestressten, panischen und vermutlich völlig aufgebrachten Eltern nicht in meiner Umgebung gebrauchen. Die Angst, wie sie reagieren würden, und die Scham ihnen alles zu beichten, würde mich zu viel Kraft kosten. Kraft, die ich dafür bräuchte, um mit der Polizei zu reden. Eine Anzeige aufzugeben oder überhaupt nur einen klitzekleinen Teil meiner Geschichte zu erzählen, würde mich schon mehr Kraft kosten, als ich eigentlich besaß. Es würde ein Kampf werden. Ein Kampf gegen mich selbst. Ich musste über meinen Schatten springen und meinen ärgsten Ängsten ins Gesicht sehen. Doch weiter einfach zu schweigen, würde mich auf Dauer umbringen. Reden tötete zwar auch, aber hoffentlich nicht mich, sondern Cedric. Dies war meine letzte und einzige Möglichkeit auszubrechen und für ein lebenswertes Leben einzustehen. Ich durfte es nicht verspielen. Ich musste mein Bestes geben und meine Zähne zusammenbeißen. Schon alleine deshalb, damit

Susan nicht umsonst gestorben war. Wenn ich es nicht meinetwegen schaffte, weil ich es nicht als allzu dramatisch erachtete, dann musste ich es für Susan tun, oder für das kleine Mädchen mit der blassen Haut und den roten Lippen!

Die Polizei konnte mein Verderben darstellen. Wenn ich ein weiteres Mal an einen falschen Polizisten geriet, bedeutete das meinen sicheren Tod. Doch wer sollte mir sonst helfen, wenn nicht die Polizei? Ich schloss meine Augen, atmete ruhig durch und befahl meinen Gedanken nicht alle Menschen über einen Kamm zu scheren. Ja, der eine Polizist, der die gynäkologische Untersuchung durchführen sollte, war scheiße, er war gefährlich und er gehörte einem Täterring an. Und ja, vermutlich gab es noch mehr solcher falschen Polizisten. Aber dennoch waren nicht alle Verbrecher. Ich durfte nicht meinen Glauben an das Gute im Menschen verlieren. Wenn ich in jedem einen potenziellen Täter vermutete, dann würde ich auf ewig in meiner Hölle gefangen bleiben und irgendwann von einer Brücke springen, weil es keinen anderen Ausweg mehr sähe.

Vertrauen war gefährlich, aber es war meine einzige Hoffnung. Im schlimmsten Fall würde ich sterben, im besten Fall könnte ich wieder leben.

22. Kapitel - Ich will leben!

Nachdem ich keine Widerworte mehr gab und nicht mehr darum flehte, dass bitte keine Polizei kommen sollte, war das so gut wie ein Einverständnis meinerseits für den Plan der Psychologin. Sie verstand, dass ich mich nicht dazu überwinden konnte, mit Worten mitzuteilen, dass ich zu einer Aussage bereit war. Aber das war in Ordnung für uns beide. Sie nahm mir diese Entscheidung ab.

Sie versprach mir wirklich nur die Polizei anzurufen und nicht meine Eltern. Auch wenn sie nicht nachvollziehen konnte, dass ich mich vor ihnen schämte. Für die Taten schämen sollten sich ihrer Meinung nach nämlich alleine die Täter und nicht ich. Dennoch akzeptierte sie meinen Wunsch, dass ich sie erst später einweihen wollte. Oder zumindest tat sie so … Sie behauptete, dass meine Eltern erst informiert werden würden, wenn die ersten Details mit der Polizei geklärt wären. Ob ich den beichtenden Anruf zuhause dann selbst ausführen wollte oder ob sie oder eine der Polizeibeamten das für mich übernehmen sollten, könnte ich mir dann zu gegeben Zeitpunkt noch überlegen. Dieser Vorschlag gefiel mir zwar nicht vollständig, aber er war zumindest besser, als das erste Vorhaben meine Eltern direkt mit einzuweihen, ihnen alles zu erzählen und sie herzubitten.

Die Psychologin verließ das Zimmer und rief vor der Tür nach einer Schwester. Glücklicherweise kam die nettere der beiden Krankenschwestern, die ich vorhin im Stationszimmer angetroffen hatte. Sie ging mit ihr auf den Gang, lehnte die Tür hinter sich an, und klärte sie in groben Zügen darüber auf, was vorgefallen war, und wie das weitere Vorgehen aussah. Was sie wortwörtlich erzählte, bekam ich nicht mit. Dafür sprachen sie zu leise. Doch durch einzelne Bruchteile, die ich mitbekam, und das, was sie mir zuvor bereits mitgeteilt hatte, konnte ich mir den ungefähren Gesprächsverlauf zusammenreimen. Sie wollte die Polizei anrufen, um dort weitere Ermittlungen einzuleiten. Sie besaß den Verdacht, dass es sich bei mir nicht um einen normalen Missbrauch, sondern etwas Größeres handelte, da ich von mehreren Tätern sprach. Würde sich diese Mutmaßung bestätigen, befand ich mich in einer akuten Gefahrenlage. Ich hörte, wie die Schwester darauf antwortete, allerdings verstand ich nicht, was sie sagte. Das Nächste, was ich mitbekam, war, dass die Psychologin davon redete, dass ich ab sofort als suizidal einzustufen sei. Das hieß Sichtkontakt, nicht aus den Augen lassen, keine scharfen Gegenstände in meiner Nähe ablegen und die Ausgangstür nach draußen verschlossen halten.

Mir kam die gesamte Situation surreal vor. Ich fühlte mich benebelt, wie einer anderen Welt. Ich wusste, dass ich nicht träumte, aber dennoch konnte das alles nicht wirklich passieren. Die Schwester betrat mit einem gezwungenen Lächeln das Zimmer und setzte sich auf den Stuhl, auf dem vorhin die Psychologin saß. Teilnahmslos starrte ich sie an. Was sie wohl von mir wusste? Beziehungsweise zu wissen glaubte? Hielt sie mich tatsächlich für suizidgefährdet? War ich überhaupt suizidal? Merkt man das als Betroffener? Ich weiß es nicht. Klingt es seltsam, wenn ich behaupte, dass ich nicht wusste, ob ich mich in diesem Augenblick hätte umbringen wollen? Vermutlich schon. Aber ich wusste es wahrhaftig nicht. Eigentlich hatte ich nicht das Bedürfnis. Ich wollte mich weder selbst verletzen, noch wollte ich mir Schlimmeres antun. Eigentlich. Aber was bedeutet eigentlich? Ist eigentlich nicht ein Ausdruck des Zweifels?

Im Nachhinein erfuhr ich, dass sämtliche Vergewaltigungsopfer, die in einem engen emotionalen Abhängigkeitsverhältnis zu dem Täter stehen und nicht felsenfest davon überzeugt sind, eine Aussage zu machen und die Vergangenheit hinter sich zu lassen, zunächst als suizidal und/oder weglaufgefährdet eingestuft werden. Also bei dieser Anordnung handelte sich in erster Linie um eine Sicherheitsmaßnahme und nicht um einen konkreten Verdacht. Wobei ich ehrlicherweise gestehen musste, dass ich nicht zu einhundert Prozent hätte sagen können, was passiert wäre, wenn ich allein gelassen worden wäre. Meine Gefühle wechselten so schlagartig, dass sie kaum steuerbar waren. Und wenn ich erst einmal einen gewissen Punkt in meinen Gedanken überschritten hatte oder panisch wurde, saß ich in einem Zug mit defekter Notbremse fest. Ich sah, wie ich dann auf eine Mauer oder einen Abgrund zusteuerte, aber konnte das rasante Tempo des Zuges nicht mehr ausbremsen oder stoppen. Ich musste mit zusehen, wie ich ins Verderben raste.

Schweigend saß ich der jungen und leicht überfordert wirkenden Frau gegenüber. Weder sie noch ich schienen zu wissen, was oder ob man überhaupt etwas sagen sollte. Auf dem Gang hörte ich etwas entfernt Gelächter, doch ansonsten war es vollkommen still. Nichts wies darauf hin, was vor wenigen Minuten geschehen war, und was heute noch alles auf mich zukommen würde. Es wirkte unheimlich. Obwohl ich mir in Gedanken schon oft diesen Moment ausgemalt hatte, war alles anders. Die Welt drehte sich normal weiter, es kam kein Sturzregen vom Himmel, Cedric rannte nicht mit einem Messer auf mich zu, ich fiel nicht tot um … Es war seltsam. Es war, als ob sich nichts geändert hatte und doch wusste ich, dass ab sofort vieles anders werden würde.

Was ich in diesem Moment nicht ahnte und worauf es auch keine Hinweise gab, war, dass ich eine gewaltige Lawine losgetreten hatte. Im Stationszimmer wurde die Polizei alarmiert mit den Stichworten „andauernder Kindesmissbrauch, mehrere Täter, eventuelle Zwangsprostitution“. Dort wurde es direkt an die zuständige Ermittlungsabteilung weitergegeben. Außerdem wurde danach noch ein weiterer Anruf getätigt. Ein Anruf, mit dem ich nicht einverstanden war, von dem ich jedoch erst im Nachhinein etwas mitbekam. Das Versprechen meine Eltern nicht mit einzuweihen, wurde gebrochen. Allerdings gab die Psychologin ihnen gegenüber keine Einzelheiten preis und bat sie darum, bitte nicht sofort vorbeizukommen. Was genau bei diesem Telefonat besprochen wurde, weiß ich nicht. Ich bekam später lediglich die kurze Mitteilung, dass meine Eltern Bescheid wüssten, dass ich zu einer polizeilichen Aussage bereit wäre, und dass ich dies gerne ohne ihr Beisein durchführen wolle. Deshalb wäre es von Vorteil, wenn sie – auch wenn es sehr schwerfiele –, mit einem Besuch noch ein wenig warteten. Wie meine Eltern auf diesen, doch durchaus emotionsauslösenden Anruf reagierten, bekam ich ebenfalls nur ansatzweise und in groben Zügen mitgeteilt. Offenbar waren sie geschockt, verzweifelt und am Boden zerstört. Ihre heiß geliebte Tochter traute sich nicht, mit ihnen zu reden, und schämte sich sogar vor ihnen! In einem schweren

Moment, wo Eltern nur eines wollen – ihr kleines, verletztes Mädchen in die Arme nehmen, festhalten und beschützen –, wollte ich sie nicht sehen. Das tat weh. Verdammt weh. Und das kann ich auch verstehen. Mir tat es genauso weh, sie wegzuschieben und zu wissen, dass sie darunter litten. Aber ihnen bei ihrem Leiden zuzuschauen, wäre für mich noch schlimmer gewesen. Ich wollte nicht zusehen, was ich angerichtet hatte. Ich fühlte mich für ihren Schmerz und ihre Traurigkeit verantwortlich. Tief in meinem Innern wusste ich, dass es verdammt grausam war, was ich erlebt hatte. Es würde mich eine Menge Überwindung kosten, dies alles in Worte zu verpacken. Das vor meinen Eltern zu erzählen und zu sehen, wie sehr ich sie damit belastete, hätte ich nicht übers Herz gebracht. Auch wenn meine Reaktion und mein Wunsch meinen Eltern keine Informationen mitzuteilen, für Außenstehende unverständlich oder gar herzlos wirken mag, so war es für mich eine Schutzmauer. Ich wollte damit mich und meine Familie schützen.

Manchmal sind falsche Lügen nämlich einfacher zu ertragen, als die schreckliche Wahrheit zu hören. Aus diesem Grund behauptete ich auch immer, dass es mir „gut" gehen würde. Diese Lüge war schneller erklärt, ausgesprochen und leichter zu ertragen, als zu erklären, wieso ich mich so verändert hatte und wie dunkel es tatsächlich in mir aussah. Und sind es nicht vielleicht auch diese viele kleinen und auch größeren (Not-)Lügen, die mir im Endeffekt das Überleben sicherten? Hätte ich immer an der Wahrheit festgehalten und weder meine Umgebung noch mich selbst angelogen, dann wäre ich wohl nicht mehr auf dieser Welt. Mein Geflecht aus Lügen und frei ausgedachten, vollkommen unlogischen Logiken, waren das einzige, was mir noch Halt gab und mich weiterkämpfen und weiteratmen ließ. Ohne dieses Netz wäre ich abgestürzt und gestorben.

Die Dauer, in der sich die Psychologin außerhalb des Raumes aufhielt, kam mir unendlich lange vor. Auf der Uhr über der Tür schienen die Zeiger stehen geblieben zu sein. Mehrfach probierte meine Psyche sich von meinem Körper abzuspalten, doch ich kämpfte dagegen an. Auch wenn ich mich in einer äußerst unangenehmen Lage befand, wollte ich nicht dissoziieren. Ich musste mitbekommen, was um mich herum und mit mir passierte.

Die junge Schwester unternahm den einen oder anderen kurzen Anlauf, mich in ein kleines Gespräch zu verwickeln. Mich mit Sätzen wie „alles wird gut werden", „es kann nicht schlimmer werden" oder „du schaffst das" aufzubauen. Doch ich ignorierte sie. Das war die einfachste Methode damit umzugehen. Ich hatte keine Kraft und keine Motivation, ihr zu erläutern, dass diese Aussagen puren Schwachsinn darstellten, und dass sie als Außenstehende leicht reden hatte. Sie kannte Cedric nicht und sie wusste nicht, zu was er und seine Freunde fähig waren.

Nach ca. 25 Minuten kam die Psychologin zurück. Sie forderte mich dazu auf, ihr zu folgen. Zögerlich stand ich auf. Meine Beine fühlten sich wackelig und steif an. Wie ein Tier, das man zur Schlachtbank führte, schlich ich hinter ihr her. Ich zwang mein Gehirn dazu, das Denken einzustellen. Ich fröstelte. Auf dem Gang standen einige Jugendliche, die mich mit großen Augen anstarrten. Drei davon tuschelten miteinander. Als ich an ihnen vorbeilief, krallte ich meine Hände von innen in den Ärmel meines Pullovers, zog den Kopf ein und drückte mich eng gegen die Flurwand. Ich wollte mit so großem Abstand wie möglich an ihnen vorbeilaufen oder noch lieber unsichtbar werden. Eines der Mädchen hörte ich sagen:

„Die hat sich versucht umzubringen!"

Und ein anderes entgegnete:

„Ja, mit Drogen, die sieht aus wie ein Junkie."

Darauf antwortete die Erste:

„Ja, Mann! Schau dir ihre abgefuckte Gesichtsfarbe an. Die sieht aus wie eine Tote."

Ich zog meinen Kopf noch mehr ein und versuchte mich noch enger an die Wand zu drücken. Die Psychologin forderte die Zuschauer auf, Platz zu machen, zurück auf ihre Zimmer oder in die Aufenthaltsräume zu gehen und aufzuhören über andere Patienten zu spekulieren. Langsam setzte sich die Meute in Bewegung. Dennoch fielen noch einige unangenehme Kommentare, die mich trafen.

Ein älterer Junge warf mir abfällige Blicke zu und hetzte: „Tja, wenn man zu doof ist, wird man von den Bullen erwischt. Hast du einen Bruch begangen oder nur Drogen genommen? Nein, warte, du kommst vom Babystrich. So scheiße zerstört und blau sehen nur Huren aus."

„Pascal!", fauchte die Psychologin wütend und stellte sich zwischen mich und den Jungen, der laut lachend weglief.

Stocksteif blieb ich in der Bewegung stehen. Seine Aussage fühlte sich an wie ein Messerstich.

„Er meint das nicht so, er sucht nur mit jedem Streit“, versuchte sie mich zu trösten. Wie in Trance schüttelte ich den Kopf.

„Nein. Er hat recht.“

In mir breitete sich Hass aus. Die Kälte verschwand aus meinem Körper und heiße Wut begann sich zentral um die Körpermitte herum auszubreiten. Die Psychologin lief einige Schritte weiter, der Gang war inzwischen leer, aber ich konnte nicht. Meine Beine wollten nicht mehr. Aufmunternd schaute sie mich an.

„Ich kann nicht.“

„Doch, du schaffst das.“

„Mir wird niemand glauben.“

„Wenn du es nicht ausprobierst, wird sich nie etwas ändern, außerdem wird man dir glauben.“

Erneut schüttelte ich den Kopf.

Ohne mich weiter zu beachten, setzte sie ihren Weg bis zum Ende des Ganges fort, und öffnete dort eine Tür. Wehmütig schaute ich ihr hinterher. Meine Beine wollten rennen, fliehen und abhauen. Wenn es sein musste, würde ich aus dem Fenster springen. Ich wollte hier nur noch weg. Die Angst besaß die Kontrolle über mein Handeln. Ich hatte Panik. Ich atmete tief durch und visierte die Eingangstür an. Vielleicht war sie offen. Die Tür, durch die die Psychologin verschwunden war, lag nur wenige Meter von der Eingangstür entfernt. Niemand würde ahnen, dass ich nicht den Raum nebenan als Ziel wählte, sondern fliehen wollte.

Ich schüttelte den Kopf, um meine Gedanken loszuwerden. Dann hob ich meinen Fuß und setzte ihn vor den anderen.

Selbstsicher bewegte ich mich nach vorne. Schritt für Schritt in Richtung Tür und auch dadurch hindurch. Mein Puls hämmerte in den Schläfen. Mein Gehirn sendete die Signale „Akute Lebensgefahr – Panik“ an meinen Körper und dieser reagierte mit Stress. Doch das erste Mal in meinem Leben kontrollierte nicht die Angst mein Handeln, sondern der Wille und der Wunsch diese Angst zu besiegen. Ich stellte mich ihr und den Dämonen in meinem Kopf. Kurz vor der Eingangstür drehte ich ab und wählte die Tür, durch die die Psychologin zuvor verschwunden war.

Unsicher begutachtete ich den Raum. Es handelte sich um ein Besprechungszimmer. Um einen runden Tisch, der in der Mitte des Zimmers stand, befanden sich vier Stühle. Auf einem Stuhl saß die Psychologin, auf einem die Polizistin, die ich bereits von den vorherigen zwei Befragungen kannte, auf dem dritten Stuhl eine mir unbekannte Frau und der letzte Stuhl war noch frei. Auf diesen sollte ich mich setzten.

Unnötig langsam schloss ich die Tür hinter mir. Ich konnte es nicht fassen, was ich da gerade tat. In meinem Kopf blinkte in Leuchtschrift das Wort „Flucht“ auf, doch ich ließ mich davon nicht mehr beirren. Einmal, wenigstens einmal in meinem Leben wollte ich über meinen Schatten springen und meiner Angst ins Gesicht schauen. Auf dem Gang hatte ich mir in den wenigen Sekunden, in denen ich dort alleine stand und zögerte, ein Versprechen gegeben. Heute wollte ich einen einzigen Versuch starten, mein Leben zu ändern. Einmal, nur dieses eine Mal wollte ich es wagen und alles erzählen. Würde ich – warum auch immer – scheitern, wäre ich heute Abend tot. Nein, nicht Cedric würde mich umbringen, sondern ich selbst. Würde sich heute nichts zum Positiven ändern, wollte ich nicht mehr leben. Aber um mir die „Erlaubnis“ zu geben, mich umzubringen, musste ich es wenigstens versuchen. Auf meinem Grabstein sollte schließlich nicht stehen „Eine feige Versagerin, die es nie versucht hat, aus ihrer Opferrolle herauszukommen, und lieber aufgegeben hat, anstatt zu kämpfen“. Diesen Gefallen wollte ich Cedric nicht tun. Wenn ich schon gehen musste, weil ich zu schwach war ihm das Handwerk zu legen, dann sollte ich es ihm wenigstens nicht leicht, sondern schwer machen.

Die mir unbekannte Frau am Tisch stellte sich als Hauptkommissarin einer Einheit vor, die sich mit Kindesmissbrauch beschäftigte. Die ersten Minuten des Gespräches verliefen neutral. Ich wurde nach meinem Alter, Namen und Anschrift gefragt und die Kommissarin, die sich mir als Frau Krak vorstellte, erzählte ein wenig über sich. Ihre Stimme wirkte beruhigend auf mich. Sie agierte sehr gefasst und reflektiert. Obwohl ich normalerweise nicht der Mensch war, der Fremden direkt vertraute, gelang es ihr schon nach wenigen Sätzen, ein dünnes Vertrauensband zwischen uns zu knüpfen. Ich spürte, wie sie mich mit ihren Fragen in eine ganz bestimmte Richtung leitete, aber es kam mir nicht wie ein Verhör vor. Sie überließ mir die Entscheidung, was ich erzählte, was ich preisgab und was nicht. Aus jetziger Sicht würde ich sagen, sie wusste, was sie tat und sie tat es gut. Vermutlich hatte sie schon einiges an Erfahrung mit solchen Mädchen wie mir. Und – was ebenfalls sicherlich nicht unbedeutend war –, ich ließ es zu, dass sie mir Fragen stellte. Ich legte meine Schutzmauer um mein Inneres zwar nicht komplett nieder, aber ich öffnete ein kleines Fenster, um sie hinter meine Fassade schauen zu lassen.

Es gibt ein Sprichwort, das besagt: „… und am Ende macht alles Sinn". Ja, in meinem Fall ja. Wäre Susan nicht gestorben oder wäre ich nicht in der Psychiatrie gelandet, wäre ich nicht auf die Idee gekommen, gegen Cedric auszusagen. Hätte die Psychologin sich nicht dahintergeklemmt und die richtigen Punkte bei mir getriggert, würde ich nicht hier sitzen. Hätte der Junge auf dem Gang nicht so einen unüberlegten Spruch losgelassen, dass man mir ansah, wie kaputt ich aussah, hätte ich vielleicht die Flucht ergriffen. Wäre eine andere Kommissarin oder gar ein Mann gekommen, hätte ich es eventuell nicht geschafft meinen Mund aufzubekommen … Sicherlich kann man auch andersherum sagen: Wäre ich damals nicht in Cedrics Auto gestiegen, wäre das alles nie passiert. Hätte ich mich an das Verbot meiner Eltern gehalten und mich nicht in einem sozialen Netzwerk angemeldet, hätte er mich nie gefunden. Hätte ich mich früher dagegen gewehrt oder mich bereits eher jemandem anvertraut … Aber wieso den Kopf darüber zerbrechen? Hätte, könnte und gewesen sind bescheidene Wörter. Sie haben lediglich eine leere Bedeutung. Wenn man ihnen zu viel Gewicht zuteilt, lassen sie einen untergehen. Dann könnte man auch sagen: Damals, bei meiner Befruchtung, hätte mein Vater an diesem Tag, um diese Uhrzeit nicht mit meiner Mutter geschlafen, oder wäre ein anderes Sperma schneller gewesen … Nein, darüber nachzudenken bringt nichts. Passiert ist passiert. Wie hat Alex mir immer versucht beizubringen: „Ein Fehler ist es erst dann, wenn du dich mit der falschen und dir unangenehmen Tatsache abfindest und resignierst. Fehler sind da, um daraus zu lernen. Wer Scheiße baut, muss auch zusehen, wie er wieder herauskommt."

Je länger das Gespräch andauerte, desto mehr verflog meine Angst. Die erste halbe Stunde traute ich mich kaum zu reden, doch anschließend sprudelten einzelne Szenen meiner Erinnerung nur so aus mir heraus. Endlich fand ich Worte für Dinge, die ich jahrelang verschwiegen hatte. Es fühlte sich befreiend an. Wobei mir schon bei Beginn meiner Geschichte bewusst wurde, dass ich starke Lücken im Gedächtnis besaß. Zum Beispiel konnte ich mich an das erste Treffen mit Cedric erinnern, aber nicht an das zweite oder dritte. Ich wusste, dass es zunächst einige Übergriffe gab, die er alleine an mir vornahm, und dann erst Mark dazukam, aber diese Taten waren weg. Ich konnte mich nicht daran erinnern. Überhaupt war es schwer, eine zeitliche Struktur in meine Erinnerungen zu bringen. Wann war was und wie lange? Keine Ahnung. Gefühlt jeder zweite Satz von mir war: „Ich kann mich nicht genau erinnern." „Ich will nichts Falsches sagen."

Und mindestens genauso häufig benutzte ich auch die Formulierung: „Es war alles meine Schuld".

Ob die Kommissarin, die Polizistin, die mich bereits etwas kannte, oder die Psychologin überhaupt verstanden, was ich versuchte zu erklären, zweifelte ich persönlich an. Wenn ich ehrlich war, konnte ich mir selbst nicht folgen. Meine Erinnerung war nicht echt. Es gab viele Lücken, verschiedene Taten verschmolzen miteinander und mir fehlte jegliches Zeitgefühl. Das machte mich wütend. Die Kommissarin versuchte, mich zu beruhigen, um mir zu erklären, dass das normal sei, und dass auch niemand von mir verlangen konnte, dass ich mich an alles erinnerte. Wenn ein Missbrauch über eine solch lange Dauer hinweg anhält, schützt sich die Psyche auch, indem sie Dinge löscht oder komprimiert. Außerdem müsste ich jetzt, heute auch nicht alles erzählen. Dieses Gespräch wäre erst einmal dazu da, um einem groben Überblick über die Vorfälle zu bekommen. Alles an einem Tag aufzunehmen wäre viel zu viel für mich. Da bräuchte ich mir keinen Stress zu machen. Und es wäre zudem auch völlig normal, wenn mir nach dem Gespräch oder am nächsten Tag noch weitere Einzelheiten ins Gedächtnis kommen würden. Das wäre o. k.! Diese Einfälle oder Flashbacks könnte ich schriftlich festhalten und sammeln. Diese Aussagen beruhigten mich jedoch nicht. Je mehr ich mir Gedanken über die Lücken in meinem Gedächtnis machte, desto verrückter und unglaubwürdiger kam ich mir vor. Ich fühlte mich wie ein Mensch ohne Vergangenheit. Es war, als wenn ich in den Monaten, die in meiner Erinnerung fehlten, gar nicht gelebt hätte. Ich hatte mein eigenes Ich, mich selbst, meine Leben vergessen. Oder hatte ich es nur verdrängt? Nein, es war vollkommen weg.

Cedrics oder Marks Namen nannte ich während meiner Erzählungen nicht einmal. Ich ließ Namen und Orte gezielt aus. Genauso wie ich es nicht wagte, über dies seltsamen Rituale oder das blasse Mädchen, das vermutlich mittlerweile tot war, zu sprechen. Ich fürchtete, dass mir, wenn ich davon erzählen würde, gar niemand mehr glaubte. Meine Geschichte war so schon krass, ich musste daraus nicht einen kompletten Horrorfilm basteln.

Nachdem ich in Kurzfassung alles, was in meinen Augen wichtig erschien, zusammengefasst hatte, machte ich eine Pause.

Ich fühlte mich erleichtert. Die Angst war auf ein aushaltbares Level gesunken und ich verspürte einen Hauch Stolz. Ich hatte es geschafft.

Nervös spielte ich an meinen mittlerweile ausgeleierten Ärmeln herum und wartete auf eine Reaktion der Kommissarin. Würde sie mir glauben? Was sagte sie zu meinem Lebensverlauf? Ihr Gesichtsausdruck wirkte nachdenklich und sie legte ihre Stirn in Falten. Unruhig wartete ich auf eine Antwort. Sie streifte sich einige Haarsträhnen, die in ihr Gesicht gefallen waren, hinter die Ohren.

„Lucy, ich bin ehrlich zu dir."

Ihre Stimme klang ernst. Der Ton sorgte bei mir für erneutes Herzklopfen.

„Ich glaube dir nicht."

Mein Herz setzte aus. Geschockt klappte mein Mund auf. Tränen sammelten sich in meine Augen.

„Nein, nicht dass, was dir passiert ist. Daran habe ich keine Zweifel", beruhigte sie mich.

„Ich kenne ähnliche Erzählungen. An manchen Stellen überschneiden sich deine Schilderungen sogar mit älteren Geschichten, die ich schon gehört habe. Also da brauchst du keine Panik zu haben. Was mich jedoch misstrauisch macht, ist, wie du alles erzählst. Da fehlen Dinge. Das ist nicht alles."

Ich schaute starr zu Boden. Mein Herz hatte sich noch nicht von dem Schock erholt.

„Lucy?"

Ich hob meinen gesenkten Kopf nicht an, doch ich spürte ihren eindringlichen Blick, der mich zu durchleuchten schien.

„Ich glaube dir, dass du das erlebt hast. Hast du das verstanden?"

Ich zuckte mit den Achseln. Glaubte ich ihr, dass sie mir glaubte? Nein, sie glaubte mir nicht …

„O. k., ich erkläre es dir. Du berichtest in allen Einzelheiten, wie du ihn kennengelernt hast. Dann schilderst du grob das erste Treffen. Soweit kann ich dir folgen. Die Art, wie du das Vorgehen des Täters beschreibst, gleicht der Vorgehensweise eines typischen Lover Boys. Einem schüchternen Mädchen die Liebe des Lebens vorspielen, vergewaltigen und behaupten, dass das Liebe sei. Anschließend beschreibst du sehr deutlich deine persönlichen Schuldgefühle, seine Drohungen, deine Angst und deine Hilflosigkeit. Obwohl du keine Täterin, sondern Opfer bist, fühlst du dich schuldig. Du schämst dich. Diese negativen Gefühle beschreibst du mehrfach und jedes Mal sehr intensiv. Man spürt deinen Selbsthass und die Angst. Das kaufe ich dir alles ab. Dass dann irgendwann fremde Männer hinzukommen und eine Tat gefilmt wurde, beschreibst du wiederum nur oberflächlich, das ist aber auch o. k. Was mich dabei stört, ist allerdings deine extreme Unsicherheit bei dem Verlauf danach, den du versuchst, in so wenigen Sätzen wie möglich und ohne Emotionen zusammenzufassen. Du lügst nicht, aber du kannst dich an deutlich mehr erinnern, als du sagen möchtest. Zum Beispiel nennst du den Haupttäter IHN und verschweigst den Namen. Aber wenn du mit ihm gechattet hast, musst du seinen Namen oder zumindest ein Pseudonym von ihm kennen. Außerdem gibt es für mich noch weitere Ungereimtheiten. Ein Mädchen emotional abhängig machen und es an Freunde verkaufen ist eine Sache, aber du erzählst auch von Taten, wo mehrere Täter vor Ort waren und von unterschiedlichen Tatorten. Das passt nicht zusammen. Genauso wie ich vor der Frage stehe, wieso bei der Untersuchung im Krankenhaus keine Hinweise auf sexuelle Straftaten gefunden wurde.“.

Unwillkürlich zuckte ich zusammen. Was wusste sie von mir?

„Wenn du möchtest, dass wir dir helfen, musst du uns alles sagen, was du weißt. Wir sind die Guten, wir tun dir nichts, wir wollen dich unterstützen.“

Ich unterdrückte meine Tränen, die sich in meinen Augen anstauten, und schluckte den dicken Kloß im Hals herunter. In meinem Kopf lief ein Film ab. Erinnerungen überschlugen sich, Gefühle von damals und heute mischten sich. Wo war oben, wo war unten? Die Atmosphäre im Raum drohte mich zu ersticken. Ich löste meine Hände vom Pulli und krallte stattdessen meine Fingernägel der rechten Hand in das Handgelenk meiner linken Hand.

„Vor was hast du solche Angst?“, bohrte sie nach.

Zaghaft hob ich den Kopf an und flüsterte.

„ER oder einer seiner Kapuzenmänner werden mich umbringen.“

Ich krallte meine Fingernägel noch tiefer in meine Haut. Der Schmerz verschaffte mir Luft zum Atmen.

„Sie sind überall. Sie kontrollieren mich und wissen alles über mich. Sie werden mich finden und umbringen.“

Stille. Mindestens zwanzig Sekunden lang traute sich niemand etwas zu sagen. Doch dann unterbrach die Kommissarin das Schweigen, in dem sie laut hörbar ausatmete.

„Ich habe es befürchtet … Jahrzehnte lang gab es hier in der Gegend keinen Fall von rituellem Missbrauch mehr. In unregelmäßigen Abständen gab es zwar immer mal wieder Hinweise, die annehmen ließen, dass dieser Täterring weiterhin existiert oder existieren könnte – aber keine konkret zur Anzeige gebrachten Vorfälle. Uns waren somit die Hände gebunden."

Sie machte eine Pause.

„Es ist wichtig, dass du gegen diese skrupellosen Täter aussagst, und keinen Rückzieher machst. Ich verstehe, dass das nicht einfach ist, und dass das mit großen Ängsten verbunden ist, aber du musst. Nur wenn du Namen nennst und alles erzählst, besitzen wir von der Polizei Möglichkeiten dich und deine Familie zu schützen."

Ich duckte meinen Kopf weg und zog die Schultern nach oben. Diese Worte lösten eine unheimliche Vorahnung in mir aus.

„Diese Männer sind nicht ohne. Es handelt sich um einen ganzen Ring."

„Das glaube ich nicht …", versuchte ich, halbherzig zu widersprechen.

Ich wollte dieser Aussage keinen Glauben schenken, obwohl ich genau wusste, dass es der Wahrheit entsprach.

„Eigentlich hat ER mir nie wehgetan und die anderen Männer waren auch nicht so schlimm."

„Klar, und die Narben und Blutergüsse hast du dir selbst zugefügt, als du im Krankenhaus lagst, bist du mit dem Fahrrad gestürzt, einmal wöchentlich fällst du die Treppe herunter, läufst gegen Türrahmen oder stößt dich an Schränken an“, mischte sich die Psychologin sarkastisch ein.

Die letzte Stunde hatte ich es mutig geschafft, meine Tränen zurückzuhalten, doch nun wurde es zu viel. Erst eine Träne und dann ein gesamter Fluss liefen über meine Wangen und tropften von meinem Kinn.

„Sie haben keine Vorstellung von dem, was ich gesehen habe. Und Sie haben nicht einmal einen Hauch von Ahnung, wie hoffnungslos meine Lage ist. Wenn ich Ihnen das erzähle, denken Sie, ich hätte einen falschen Horrorfilm gesehen …“

Mein Gesicht verzerrte sich vor Verzweiflung.

„Da waren Schafe, die geköpft und aufgeschnitten wurden, Männer mit Kapuzen standen im Kreis, ein anderes Mädchen …“

Meine Stimme versagte. Die Tränen bildeten sich zu einem Kloß im Hals, der mir die Fähigkeit zu sprechen, raubte.

In ungewohntem und für diese Situation deutlich zu nüchternen Ton antwortete die Kommissarin: „Ich weiß. Ich glaube dir das. Ich habe davon schon gehört. Ich weiß, dass es so etwas gibt.“

Unsicher und mit fassungsloser Miene schaute ich sie an. Das konnte ich ihr nicht glauben.

„Das ist ein bestimmter Ring von Tätern, der schon seit Jahrhunderten existiert. Immer mal wieder tauchen Hinweise dazu auf, aber es fehlt jedes Mal ein entscheidender Beweis, der diesen Ring hochgehen lassen kann. Die Opfer sind häufig so verängstigt, dass sie als einzigen Ausweg den Suizid oder lebenslanges Schweigen sehen. Deshalb ist deine Aussage auch verdammt wichtig. Nur wenn du redest, können wir dich und andere Mädchen schützen. Das, was du erlebt hast, nennt sich rituelle Gewalt. Außerdem wurdest du zur Zwangsprostitution gezwungen. Dir wurde unrecht getan, du darfst dich wehren, du darfst darüber reden."

„Ich kann nicht."

„Doch, du kannst. Du hast heute schon so viele Schritte in die richtige Richtung getan. Du bist viel stärker, als du annimmst. Du bist keine Versagerin, sondern du bist eine Kämpferin. Du hast all das überlebt. Das ist kein Versagen."

„Hmmm …"

Es fiel mir schwer, dass anzunehmen, aber im Grunde hatte sie recht. In den Augen der Täter hatte ich versagt, ja, mehrfach sogar, aber aus einer gesunderen Sicht heraus hatte ich nicht versagt, sondern gewonnen. Ich war nicht gestorben, sondern lebte noch. Doch wie sollte dieses Leben weitergehen? Selbst wenn mir die Kommissarin glaubte, woher würde ich Beweise bekommen? Vor ihr galt ich als glaubwürdig, aber vor anderen eindeutig nicht. Woher wusste ich, dass ich ihr oder ihren Kollegen vertrauen konnte? Die Polizei „dein Freund und Helfer" hatte ich schließlich auch schon als Feind kennengelernt.

„Bei dir wurde beim letzten Krankenhausaufenthalt eine gynäkologische Untersuchung durchgesetzt?", fragte sie, wobei die Frage eher eine Feststellung war.

„Und bei dieser Untersuchung wurde festgestellt, dass es keinen unfreiwilligen Geschlechtsverkehr gab."

Exakt das meinte ich! Ich hielt meine Luft an, um meine Wut zu unterdrücken. Mein Kopf färbte sich knallrot. Erst kurz bevor mir schwarz vor Augen wurde, wagte ich es, weiter zu atmen.

„Kannst du dir das erklären?“

Verängstigt schüttelte ich übertrieben schnell meinen Kopf. Dieses Thema war mehr als unangenehm und mehr als schwierig.

„Sicher?“, erkundigte sie sich ein zweites Mal.

Wieder übertriebenes Kopfschütteln.

„O. k., dann notiere ich mir das gedanklich. Vielleicht fällt dir dazu noch eine Erklärung ein. Der Punkt der Geschichte macht mir nämlich Bauchschmerzen. Und jeder Richter wird sich ebenfalls an dieser Stelle festbeißen und fragen, wieso es da keine Beweise gibt.“

Beschämt starrte ich auf meine Knie und Oberschenkel. Selbstverständlich wusste ich, weshalb in dem Bericht stand, dass keine Spuren nachgewiesen werden konnten. Aber das zu beweisen wäre so gut wie unmöglich. Der Arzt hatte mir damit gedroht, falls ich versuchen sollte, die Wahrheit zu behaupten, dass er mich als absolute Lügnerin dastehen lassen könnte. Und daran hatte ich keine Zweifel! Durch die Narben an den Armen und den Behauptungen, was ich erlebt hatte, war es, für die meisten Menschen vermutlich eh schwer zu glauben, dass ich nicht log. Wenn ich jetzt noch damit ankam, dass mich der Arzt, der von der Polizei dazu beauftragt wurde, mich zu untersuchen, mit unter der Decke steckte …! Er mich unter Druck gesetzt hatte, zu schweigen, und mir damit drohte, falls ich den Mund aufmachte, als geisteskranke Irre, die unter psychotischen Angstzuständen leidet, dastehen zu lassen … Nein, das konnte ich nicht wagen. Es gab gewisse Sachen, über die man besser nicht redete. Oder besser gesagt nicht redete, solange man nicht wusste, wem man glauben konnte und wem nicht.

Bestimmt ahnten alle im Raum, dass während der Untersuchung irgendetwas vorgefallen sein musste. Schließlich wäre es, so gut wie unmöglich nicht einmal einen klitzekleinen Hinweis zu finden, zumal bei späteren gynäkologischen Untersuchungen herauskam, dass sich durch die unzähligen Vergewaltigungen und das Hineinstoßen von Gegenständen zahlreiche Narben in meinem Genitalbereich gebildet hatten, die auch heute, Jahre danach, noch nicht vollständig verschwunden sind. Doch für den ersten Tag wurden an dieser Stelle glücklicherweise keine weiteren Nachforschungen angestellt und mein übertriebenes Kopfschütteln und die Behauptung, dass ich keine Ahnung hatte, als Antwort akzeptiert.

23. Kapitel - Endlich wird alles gut

Nach etwas über zwei Stunden war das Gespräch beendet. Ich fühlte mich erschöpft und ausgelaugt. Mein Akku war leer. In mir herrschte gar kein Gefühl. Ich konnte nicht urteilen, ob es mir gut ging oder schlecht, ich fühlte mich einfach nur leer. Leer und müde. Müde vom Kampf, müde vom Leben, müde von meinen Ängsten. Ich wollte schlafen und vergessen. Einfach die Augen schließen und in einer anderen Welt – eine Welt in der noch alles in Ordnung war –, abtauchen. Doch dieser Wunsch sollte mir nicht gewährt werden.

Die letzten Minuten des Gespräches handelten davon, wie es jetzt weitergehen würde. Ich hörte dabei zu, doch ich verstand nicht wirklich, was beredet wurde. Oder vielleicht verstand ich es auch, aber wollte mich damit nicht auseinandersetzen. Ich weigerte mich, wahrhaben zu wollen, was jetzt alles auf mich zukam und welche Lawine ich ausgelöst hatte. Noch wagte ich es nicht, Namen zu nennen. Hierfür fehlten mir noch das Vertrauen und der Mut. Aber ich hatte andere Einzelheiten genannt und den Namen des Pfarrers, der ja ebenfalls auch einen größeren Teil meiner Geschichte kannte, und Hintergrundinformationen hatte, von denen nicht einmal ich etwas ahnte.

Frau Müller nannte ich nicht. Bei ihr war ich mir nicht sicher, ob sie damit einverstanden wäre, oder ob sie überhaupt reden wollte. Vielleicht würde der Pfarrer mit ihr reden und sie dazu bewegen, ihr Wissen der Polizei mitzuteilen, ich wollte sie jedoch nicht dazu zwingen. Wenn, dann sollte sie freiwillig auf die Polizei zugehen. Was sie im späteren Verlauf übrigens tatsächlich tat. Des Weiteren wurde ich gefragt, ob ich zu einzelnen Tatorten hinfinden würde. Diese Frage konnte ich nicht beantworten. Den Weg dorthin kannte ich schließlich nicht, da ich immer unter der Decke auf dem Rücksitz lag. Aber würde ich Bilder von den Orten sehen, würde ich sie auf jeden Fall wiedererkennen. Und so viele leer stehende Gebäude, die meinen Erinnerungsbildern ähnlich sahen, gab es im näheren Umkreis hoffentlich nicht. Dort könnten mögliche Ermittlungen ansetzen.

Heute sollte ich noch eine Nacht hier in der Klinik schlafen. Der restliche Tag würde dafür genutzt werden, alles Weitere in die Wege zu leiten. Morgen früh um zehn Uhr hätte ich dann die Gelegenheit mein komplettes Leben zu ändern. Um zehn Uhr sollte ich auf der Polizeidienststelle erscheinen. Würde ich dort Namen nennen und meine Geschichte zu Protokoll geben, wäre ich danach weg. Weg, an einen sicheren Ort. Zunächst in einer anderen Klinik, um dort zu lernen, mit dem Erlebten umzugehen. Und anschließend vielleicht an einen anderen Wohnort. Würden meine Familie und ich mich dazu entscheiden, von hier wegzuziehen, was sehr ratsam bei meiner Geschichte wäre, würden wir hierbei Unterstützung bekommen.

Der Weg bis zu einer Gerichtsverhandlung und einem Urteil war noch lang – verdammt lang –, und der Weg in ein „normales" Leben war noch um ein Vielfaches weiter, aber wenn ich nicht anfing zu laufen, würde ich dieses Ziel nie erreichen. Das erste Mal seit Jahren sah ich ein Licht am Ende des Tunnels und das erste Mal seit Langem stammte dieses

Licht nicht von einem Zug, der mich überrollte, sondern von Menschen, die mir Hoffnung gaben. Ich war nicht mehr alleine.

Todmüde, erschöpft, aber doch irgendwie zufrieden, zog ich mich auf mein Zimmer zurück. Es dauerte keine ganze Minute und ich fiel in einen traumlosen Schlaf, aus dem ich erst knapp zwei Stunden später geweckt wurde.

Verschlafen öffnete ich meine Augen. Es hatte an der Tür geklopft. Jeder Muskel schmerzte, mein Schädel dröhnte und ich fühlte mich so erschöpft wie nach einem Marathonlauf. Mein Körper reagierte auf den vielen Stress und signalisierte mir, wie ausgelaugt er war, und welch eine Menge Kraft es ihn kostete stark, zu sein. In meinem Kopf tauchte eine Erinnerung auf. Entsprach sie der Wahrheit? Hatte ich es gewagt mit der Polizei zu reden oder war das alles lediglich ein Traum? Während die Tür geöffnet wurde, rieb ich mir meine verweinten Augen und versuchte mich zu erinnern. Nein, es war kein Traum, es war wirklich passiert!

„Oh Gott, Lucy!“

Meine verzweifelte Mutter warf sich mir um den Hals. Halbherzig versuchte ich sie, abzuwehren; allerdings vergeblich. Ihre Umarmung klammerte zu fest. Es schien, als wolle sie mich erdrücken.

„Oh Gott, wie konnte nur so etwas geschehen …“, schluchzte sie.

Dabei krallte sie eine ihrer Hände auf meinen Rücken und die andere in mein Haar. Ihr Gesicht drückte sie an meine Schultern. Ich spürte, wie mein Pulli durch ihre Tränen nass wurde. Stocksteif saß ich auf der Bettkante, unfähig zu reagieren. Wie soll man auch als Kind agieren, wenn einem die eigene Mutter verzweifelt um den Hals fällt?

In mir herrschte Gefühllosigkeit, dennoch gelang es mir nach einigen Sekunden, zumindest einen Arm ebenfalls um sie zu legen. Diese Berührung zwischen uns fühlte sich zumindest für mich ungewohnt an. Es war seltsam, von jemand Nähe zu erfahren, die nicht wehtat. Normalerweise berührten mich Menschen ausschließlich um ihre sexuelle Lust zu stillen, mich zu vergewaltigen oder mir körperliche Gewalt in Form von Schlägen anzutun. Doch meine Mutter wollte mir keine Schmerzen zufügen, sondern mir helfen, mir Schutz bieten. Das fühlte sich fremd an.

Ihr Körper bebte. Sie konnte sich kaum beruhigen. Vorsichtig und ziemlich unbeholfen streichelte ich ihr über den Rücken und flüsterte. „Alles wird gut werden." Warum ich das tat, wusste ich nicht. Vermutlich, weil ich selbst gerne diese Worte in diesem Augenblick gehört hätte.

Ich war stark. Derzeit sogar wahrscheinlich stärker als meine Eltern. Ich kannte meine Geschichte und hatte mich damit abgefunden. Ich wusste, wie ich damit umgehen konnte, doch meine Eltern waren damit vollkommen überfordert. Sie hatten zwar schon länger etwas geahnt, doch nun alles zu wissen, die Gewissheit zu haben, dass der Verdacht, kein Verdacht, sondern Tatsache war, musste sich für sie wie ein Faustschlag ins Gesicht angefühlt haben. Damals hatte ich nicht die Kraft und nicht den nötigen Abstand mich in ihre Lage hineinzuversetzen. Ich war zu sehr mit meinen eigenen Gefühlen beschäftigt, doch heute kann ich mich gut in ihre Lage hineinversetzen. Es muss brutal für sie gewesen sein, von der Polizei und den Ärzten mitgeteilt zu bekommen, was mir widerfahren war. Man muss sich mal vorstellen, man sieht sein Kind jeden Tag und jeden Tag muss man mehr feststellen, dass es dem eigenen Kind zunehmend schlechter geht. Man sieht Hinweise, hat das Gefühl, dass da irgendetwas nicht stimmen kann, läuft aber ständig gegen eine Wand, weil das Kind abblockt. Man versucht, logische Erklärungen für das abnormale Verhalten zu finden, und lügt sich vielleicht sogar selbst an –, aber der Verdacht oder das Bauchgefühl, dass es nicht alleine an der Pubertät liegt, bleibt.

Damals habe ich nicht verstanden, dass ich mit meinem abweisenden Verhalten und der Selbstverletzung nicht nur mir selbst wehtat, sondern – oder vor allem –, auch den Menschen, die mir nahestanden. Ich dachte, es interessiert niemanden, dass ich mir so tief ins eigene Fleisch schneide, dass es eigentlich genäht werden musste, doch das war weit gefehlt. Es tat meinen Eltern und auch anderen Menschen in meiner Umgebung genauso weh wie mir. Die Schnitte haben nicht nur mich, sondern auch jeden anderen mitverletzt. Allerdings waren so gut wie alle so sehr überfordert, dass sie einfach so getan haben, als würden sie nichts davon merken. Sie haben sich hilflos gefühlt und wussten nicht mit meinem Schmerz umzugehen, deshalb haben sie weggeschaut. Doch meine Eltern konnten nicht wegschauen.

Heute weiß ich, dass sie viele Nächte wegen mir durchgeweint haben, und dass sie mit mir gelitten haben. Sie hatten Angst um mich, Angst mich zu verlieren. Zu Beginn hatte sie ja einige Male versucht an mich ranzukommen, sie hatten alles ihnen Mögliche ausprobiert, doch ich war zu sehr in Cedrics Klauen gefangen. Mein Vertrauen zu ihnen war schwächer, als der Wille Cedric zu gehorchen. Er hatte mehr Macht über mich.

Es klingt jetzt hart, aber meine Eltern hatten mich irgendwann zum Teil aufgegeben. Sie resignierten und stellten ihre Versuche, mich auf den rechten Weg zurückbringen, ein. Sie mussten einsehen, dass niemand mehr an mich herankam. Gezwungenermaßen konnten sie nichts anderes tun, als darauf zu hoffen und zu vertrauen, dass ich im letzten Moment noch das Ruder herumriss, und meine Lage erkannte. Erst wenn ich dazu bereit wäre Unterstützung von außen anzunehmen oder selbstständig zu kämpfen, konnte man mir helfen.

Wie es sich wohl anfühlen muss, wenn man vor zwei Polizisten sitzt und diese einem mitteilen, dass die Tochter ein Opfer ritueller Gewalt ist? Brutal, heftig, erschütternd. Und noch schlimmer muss es sein zu sagen: „Wir haben es nicht gewusst. Wir haben mit unserer Tochter unter einem Dach gelebt, sie täglich gesehen, die Blutergüsse bemerkt, aber die Geschichte dahinter war uns unbekannt. WIR haben nicht gemerkt, was unserem Kind angetan wurde."

Das, was Eltern in diesem Moment durchmachten, ist kaum in Worte zu fassen. Es reißt einem den Boden unter den Füßen weg. Man ist unendlich wütend auf die Täter, verzweifelt, fühlt sich womöglich mitschuldig und macht sich Vorwürfe, wie so etwas überhaupt passieren konnte; fragt sich nach dem Warum und wieso ausgerechnet wir? Man will schreien weinen und gleichzeitig stark sein, bricht aber unter dem ganzen Ballast zusammen … Und ist überfordert und hilflos.

Bis heute gibt es nur wenige Menschen, die meine gesamte Geschichte mit allen Einzelheiten kennen. Meine Eltern gehören nicht dazu. Ich kann es einfach nicht. Es fehlen mir die Worte, um ihnen mitzuteilen, was ich erlebt und gesehen habe. Ich schäme mich vor ihnen. An diesem Tag haben wir noch bis zum Abendessen miteinander geschwiegen. Nachdem mich meine Mutter aus ihrer Umarmung losließ, konnte ich sehen, wie mein Vater neben der Tür an der Wand stand. Ich hatte ihn noch nie so verzweifelt gesehen. Bis jetzt kannte ich ihn als eher aufbrausenden Menschen, doch heute wirkte er wie ein Häufchen Elend. Er brachte kein Wort über die Lippen und seine Augen glänzten glasig. Ich glaube, er hatte meinetwegen geweint …

Am Abend brachte mir eine Schwester eine Tablette, die mir eine angenehme, schlafreiche Nacht bescheren sollte. Obwohl ich mich erst ein wenig dagegen wehrte, war ich im Nachhinein doch dankbar über das Schlafmittel. Es war gut, dass ich nicht mehr allzu viel Zeit hatte, nachzudenken. Wer weiß, wohin mich meine Grübelei noch gebracht hätte! So schlief ich mit dem Gedanken ein, dass morgen endlich – nach all den langen Jahren – alles gut werden würde.

24. Kapitel - Hoffnung

Habe ich am nächsten Tag auf der Polizeidienststelle eine Aussage gemacht? Ja. Ja, ich habe mich getraut. Ich habe mich der Angst gestellt. Es hatte mich all meinen Mut und sämtliche Tränen gekostet, aber ich habe es gewagt, Cedrics und Marks Namen zu nennen, und alles, was ich zu den Taten und Tatorte wusste, zu Protokoll zu geben. Nicht alles am ersten Tag, aber nach und nach habe ich meine Angaben und Erinnerungen über einige Wochen hinweg ergänzt.

Sofort nach der Aussage wurde ich an einen „sicheren Ort" gebracht. Eine Psychiatrie am anderen Ende von Deutschland. Dort sollte ich eine lange Therapie machen, die mir helfen sollte, mit all dem Erlebten abzuschließen. Aber kann man das alles überhaupt vergessen? Nein, kann man nicht … Aber man kann lernen damit zu leben. Man kann damit nicht abschließen, aber man kann ein neues, ein anderes Leben beginnen.